당신이 알아야 할 **현대 중국의 모든 것**

마르크스주의 관점

당신이 알아야 할 **현대 중국의 모든 것**

마르크스주의 관점

이정구 지음

책갈피

차례

일러두기

1. 이 책의 많은 부분은 저자의 온라인 강연 대본을 토대로 했다. 저자의 강연은 다음 링크에서 볼 수 있다. bit.ly/modern-china

2. 중국의 인명과 지명 등은 최대한 외래어 표기법에 맞춰 표기했고 필요한 경우에만 한자를 병기했다.

3. 《 》 부호는 책과 잡지를 나타내고, 〈 〉 부호는 신문과 주간지를 나타낸다. 논문은 " "로 나타냈다.

4. 인용문에서 [ ]는 지은이가 독자의 이해를 돕거나 문맥을 매끄럽게 하려고 덧붙인 것이다.

머리말

1980년대에 대학 생활을 할 때 기억나는 정치적으로 가장 황당하고 어처구니없는 말은 바로 전두환이 강조한 "정의 사회 구현"이었다. 그런데 중국을 공부하면서 "중국 특색의 사회주의"라는 표현도 황당함에서 "정의 사회 구현" 못지않았다.

중국 역사를 거슬러 올라갈 것 없이 최근 시진핑 집권기만 봐도 과연 중국이 사회주의 사회인지 의문이 든다. 노동조합을 조직하려는 노동자와 이를 지원하는 학생을 탄압하고, 성희롱에 항의하는 페미니스트를 구속하며, 국가보안법으로 정치적·시민적 권리를 억누르는 일이 다반사이기 때문이다.

그런데도 많은 사람들이 중국을 모종의 사회주의 사회라고 생각한다. 개혁·개방을 했을지라도 여전히 국유기업의 비중이 높고 또 공산당이 집권하고 있기 때문이다. 그래서 이 책은 중국이 어떤 종류이건 사회주의 사회라는 믿음을 깨부수는 것에 초점을 맞췄다. 그리고 중국이 서방과 다를 바 없는 자본주의 체제의 일종, 즉 국가자본주의 사회라고 주장한다.

중국을 국가자본주의 사회로 파악할 때에만 1949년 이후 현대 중국 사회에서 벌어진 수많은 황당하고 기괴한 사건들을 제대로 이해할 수 있다. 중국 헌법에는 노동계급이 독재를 한다고 명시돼 있지만 신중국 등장 이래로 노동자·농민에 대한 착취는 사라지지 않았다. 중국 혁명으로 인민대중이 해방됐다고 하지만 대약진운동의 실패로 적어도 3000만 명이 굶어 죽었다. 마오쩌둥은 하늘의 절반을 떠받치는 여성의 해방을 외쳤지만 여성에 대한 체계적이고 구조적인 차별과 천대는 지금까지도 지속되고 있다.

억압당하고 차별받는 집단이 해방되고 노동계급에 대한 착취가 없는 세상이 사회주의 사회라고 본다면 중국은 어느 모로 보나 사회주의 사회는 아니다. 그러니까 중국 특색의 존재 여부를 떠나 중국은 사회주의 사회가 아닌 것이다. 그렇다면 중국 사회를 어떻게 이해할까? 이 책은 이런 물음에 대한 의미 있고 곰곰이 생각해 볼 만한 답변을 담으려 했다. 또한 중국 현대사에서 벌어진 의미 있는 저항들도 담고 있다. 그 저항의 주체는 노동자, 농민, 소수민족, 여성 등 다양하다. 특히 중국 현대사의 전환점에는 늘 노동자 투쟁이 있었다. 이들의 투쟁은 '중국 특색의 사회주의' 말고 진정한 사회주의(또는 아래로부터의 사회주의)의 가능성을 보여 줬다(책의 분량이 많지 않기 때문에 각 장의 내용을 요약할 필요는 없을 것이다).

이 책은 2022년 9월부터 2023년 7월까지 유튜브 채널 노동자연대TV에서 한 시리즈 강연 "당신이 알아야 할 현대 중국의 모든 것"에 두어 개 주제를 더 얹어 엮은 것이다. 강연 대본을 책으로 엮으면서 좀 더 이해하기 쉽게 구성을 조정하고 몇몇 오류를 바로잡고 통계를 업데이트했다. 그러니 책을 보다가 따분하면 노동자연대TV에서 실제 영상을 시청할 수도 있을 것이다. 영상에서는 청중의 질문과 답변도 보너스로 볼 수 있다.

마지막으로 이 책이 나올 수 있도록 도움을 준 분들께 감사 인사를 전하고 싶다. "당신이 알아야 할 현대 중국의 모든 것" 시리즈 강연을 제안하고 또 발제문 준비부터 실제 영상 촬영까지 모든 과정을 세심하게 살피며 도움과 조언을 준 김하영에게 진심 어린 감사를 드린다. 또 발제문을 미리 읽고 코멘트를 해 준 김영익, 이원웅, 전주현, 차승일, 최일붕에게도 감사를 드린다. 책의 내용이 조금이라도 더 좋아졌다면 모두 이들 덕분이다.

내가 중국에 대해 이만큼이나마 알게 되고 또 책에서 밝힌 것과 같은 정치적 관점을 세우게 된 것은 국내외 국제사회주의 경향의 많은 동지들이 지난 수십 년 동안 쌓아 올린 이론적·실천적 퇴적물 덕분이었다. 그래서 나는 중국에 대한 온갖 환상과 잘못된 인식이 난무하는 상황에서도 중국 사회를 제대로 보게 됐다는 확신을 품게 됐다. 이 책을 읽는 독자들도 나와 같은 경험을 공유했으면 하는 마음으로 머리말을 마친다.

2023년 11월 24일

1장

잊힌 역사:
1925~1927년 노동자 혁명

중국 혁명 하면, 사람들은 대부분 1949년 마오쩌둥이 장제스의 국민당을 몰아내고 중화인민공화국을 수립한 사건을 생각한다. 물론 1949년에 벌어진 일도 혁명이다. 마오쩌둥의 좌파 민족주의 세력이 일본과 미국 제국주의를 몰아내고 근대적 국민국가를 수립한 민족 해방 혁명이다. 그러나 그것은 사회주의 혁명이 아니었고, 노동계급이 주도하지도 않았다.

그러나 중국에서는 노동자 혁명도 있었다. 바로 1925~1927년에 벌어진 혁명이다. 제국주의 열강의 영향력 아래 있던 중국에서 노동계급은 반제국주의 요구와 자기 계급의 고유한 요구를 결합해 투쟁하면서 사회변혁의 주도 세력으로서 잠재력을 보여 줬다.

20세기 초 중국 상황과 노동운동의 성장

1925~1927년 중국에서 노동자 혁명이 어떻게 분출했는지를

그림 1-1. 제국주의 열강과 군벌이 장악한 20세기 초 중국.

알기 위해, 20세기 초 중국 상황을 간단하게나마 설명하겠다.

중국은 19세기 중반 이후 제국주의 열강의 영향 아래 있었는데, 당시의 청 왕조는 제국주의의 침투를 저지하는 데 무능했다. 1911년 민족주의 봉기인 신해혁명으로 청조가 무너졌다. 그러나 중국 자본가계급은 새 중국을 건설하지 못했다. 자본가계급과 그 정당인 국민당은 광저우와 홍콩 등지에서만 기반이 있었고, 나머지 지역은 지역 군벌들이 나눠서 장악하고 있었다.

대다수 중국인들은 제1차세계대전이 끝나자 독일이 장악하고 있던 산둥성을 되찾을 수 있을 것이라고 기대했다. 그러나 파리 강화조약에서 서방 열강은 이 지역 지배권을 신흥 제국주의 국가인 일본에 넘겨줬다. 게다가 베이징의 군벌 정권이 이미 1915년에 산둥성 지배권을 일본에 넘겨준 사실(21개 조약)이 폭로되면서 대중의 분노가 폭발했다.

이를 배경으로 1919년에 5·4운동이 벌어졌다. 학생들의 전국적 항의 운동으로 시작된 5·4운동은 수많은 대중을 투쟁으로 끌어들였다. 5·4운동은 노동계급이 조직된 세력으로 투쟁에 나선 최초의 사건이었고, 1925~1927년 혁명의 전조였다.

1919년 당시 중국은 심각한 위기를 겪고 있었다. 근대적 국민국가로 통일되지 못한 채 지역 군벌들이 지배하고 있었고, 농촌에서는 여전히 지주 세력이 강력했다. 그럼에도 동남부 연안에 있는 서방 열강의 조계지를 중심으로 산업이 발전했고, 그 덕분에 노동계급이 급성장했다. 1920년대 초에는 농촌에서도 농민운동이 벌어져 농민협회 등이 여러 지역에서 조직됐다.

노동자 운동과 농민 운동의 고양을 배경으로 1921년에 중국공산당이 창당됐다. 창당 주역들은 1917년 러시아 혁명과 볼셰비키에 큰 영향을 받았다. 중국공산당은 창당 초기에 당원이 57명에 불과한 선전 그룹에 지나지 않았지만, 홍콩·광저우·상하이 등지에서 벌어진 노동자 운동과 관계를 맺으면서 빠르게 성장했다.

1920년대 초 중국에서는 노동자 투쟁이 활발하게 벌어졌다. 특히 홍콩, 광저우, 한커우, 우창, 상하이 등지에서 두드러졌는데, 1925년 5월 30일 운동은 그 절정이었다.

상하이의 일본인 소유 공장에서 중국인 노동자가 살해된 것이 발단이었는데, 이에 대한 항의가 점점 확산돼 6월 13일에는 13만 명이 참가한 파업이 벌어졌다. 몇 주 동안의 이 항의 운동에 전례 없이 많은 노동자들이 참가했다. 제국주의에 반대하는 투쟁에서 이제 노동계급은 단지 운동의 일부가 아니라 운동을 이끄는 세력이 됐다.

이 운동은 중국의 다른 지역으로 확산돼, 베이징에서 30만 시위가 벌어지고 광저우와 우창 등 주요 도시에서도 시위가 끊이지 않았다.

상하이에서 시작된 노동자 투쟁은 홍콩에서는 이중권력 상황으로까지 나아갔다. 홍콩의 노동조합 총연합체인 홍콩총공회가 6월 19일 전면파업을 호소했고, 7월에는 5만여 명이 파업에 돌입했다. 영국 경찰의 발포로 52명이 죽고 100여 명이 다치자 홍콩총공회는 총파업으로 맞섰다.

파업 노동자들의 조직인 파업노동자대표회의 집행위원회는

그림 1-2. 제국주의 열강과 중국 군벌의 지배를 묘사한 5·30 운동 당시 포스터.

파업 참가자들의 식사와 주거와 여가까지 조직했다. 또, 주간신문과 노동자들을 위한 학교를 개설했고, 규찰대 수천 명을 조직해 내부 치안도 담당했다. 파업노동자대표회의 집행위원회는 사실상 중국 최초의 소비에트였다.

계급 갈등의 증대와 중산함 사건

노동자 투쟁이 폭발적으로 증가하자 쑨원이 이끄는 국민당과 중국의 자본가계급은 모순에 봉착했다. 중국 자본가계급은 처음에는 5월 30일 운동에 지지를 보냈다. 그러나 외국인 공장보다 임금과 노동조건이 더 열악한 자신들의 공장에서도 노동자들이 언제든지 파업에 나설 수 있다는 생각에 늘 불안했다. 국민당은 노동자 투쟁이 부상하자 좌·우파로 분열했다.

이런 상황에서 장제스의 쿠데타 예행연습이라고 할 수 있는 중산함 사건이 벌어졌다. 1926년 3월 20일 황푸군관학교 교장이던 장제스는 공산당원이 자신을 소련으로 납치하려 했고 공산당이 정부 전복을 기도했다고 주장하며 계엄령을 발표했다. 장제스는 홍콩의 파업노동자대표회의 집행위원회와 광저우의 노동조합을 탄압했고, 소련 고문단을 감금했다.

당시 공산당은 국민당 입당을 통한 통합인 1차 국공합작을 추진 중이었는데, 소련공산당과 코민테른 지도자인 스탈린과 부하린은 장제스의 요구를 모두 수용하라고 중국공산당에 지시했다. 스탈린은 서방 언론들이 장제스의 쿠데타 사실을 폭로하자 "국민당과의 혁명적 동맹을 깨뜨리려는 음모"라고 비난했다. 코민테른의 대표로 중국에 온 스탈린의 수족 미하일 보로딘은 공산당이 "초좌파적 활동"으로 장제스의 심기를 건드린 것이 문제라며, 장제스의 요구대로 소련 고문단을 본국 송환하고 중국공산당원 명단을 국민당에 제출했다.

그림 1-3. 1926년 북벌에 나서는 장제스.

1920년대는 중국 자본가들에게 황금기였다. 전후 소비재 소비가 늘면서 이윤이 크게 증가했기 때문이다. 그런데 노동자 투쟁이 폭발적으로 증가했고, 홍콩·광저우·상하이의 군벌은 이를 제압하지 못하고 있었다. 바로 그때 장제스가 나타나 노동자들을 짓밟은 것이다. 불안하던 자본가와 지수에게 장제스는 구원자처럼 보였다.

중산함 사건 이후 자본가와 지주는 기가 살아서 조직폭력배나 무장단을 동원해 노동조합과 농민 단체를 공격했다. 중국공산당은 방어를 위해 소련에 무기를 달라고 요청했지만, 보로딘은 이를 거부하면서 "지금은 공산당이 국민당에 쿨리[하층의 육체 노동자]처럼 봉사해야 할 때"라고 말했다.

중산함 사건으로 국민당 내 주도권을 쥔 장제스는 지역 군벌들을 제압하고 국가를 통일하고자 북쪽 군벌들을 정벌하는 북벌을 추진했다. 군벌을 제거하면 지주 제도가 폐지될 것이라고 기대한 농민들은 장제스의 북벌을 환영했고, 그 덕분에 장제스 군대는 파죽지세로 북상했다. 노동자와 농민의 혁명적 운동 덕분에 반제국주의와 군벌 제거의 과제를 어느 정도 해결할 수 있었다.

상하이 노동자 혁명

노동자 투쟁은 1925~1926년 홍콩과 광저우에서 다시 상하이로 옮아가면서 고양됐다. 1927년 2월 19일 중국공산당이 이끄는 상하이총공회는 장제스 군대의 진격을 기다리면서 노동자 35만 명이 참가하는 총파업에 돌입했다. 노동자들은 "장제스와 북벌군을 지지한다", "군벌 쑨촨팡을 타도하자!" 등의 구호를 외쳤다.

그러나 장제스 군대는 상하이로 진격하지 않았다. 그러는 동

그림 1-4. 1927년 무장봉기를 일으킨 상하이 노동자들.

안 군벌 휘하의 상하이 주둔군 사령관 리바오장과 외국 조계 경찰들 그리고 두웨성 같은 깡패들이 파업 노동자들을 공격했다. 거리에서 전단을 뿌리던 학생과 파업 노동자를 그 자리에서 참수하거나 총살했다. 그러고는 참수된 희생자의 머리를 전신주 꼭대기에 매달아 전시하거나 큰 소반 위에 올려놓고 거리를 돌아다녔다. 리바오장의 학살로 파업 투쟁은 패배했다.

그러나 상하이 노동자들은 한 달 뒤인 3월 21일 다시 투쟁에 돌입했다. 이번에는 50만~80만 명이 파업에 참가했다. 봉기 계획이 신중하게 결정됐고, 훈련된 5000명의 규찰대가 봉기의 선두에 섰다. 당일 오후 2시가 되자 기차역과 경찰서 등 상하이의 주요 시설이 봉기 노동자들의 수중에 들어왔다. 다음 날 군벌 부대가 지키던 상하이 북역北驛에 백기가 나부꼈고 상하이 지역 대부분을 파업 노동자들이 장악했다.

장제스는 며칠이 지난 3월 26일이 돼서야 상하이에 들어왔다. 상하이의 자본가들은 파업과 봉기를 일으킨 노동자들의 위력을 봤고 장제스의 군대만이 대중운동을 분쇄할 수 있다고 여겼다. 그러나 상하이 노동자 50만 명이 봉기에 참여하면서 무장했고 수천 명의 노동자 규찰대가 도시를 장악하고 있었기 때문에 장제스 군대 3000여 명으로는 노동자들을 당장 분쇄할 수 없었다. 더구나 장제스 군대의 일부는 봉기를 일으킨 노동자들에게 호의적 태도를 보이기까지 했다.

자본가 단체인 상공회의 대표들은 장제스 주변에 모여들어 거액의 지지금을 제공하며 서서히 움직였다. 장제스는 상공연합회 같은 온건 노동조합 연합체를 구성해 상하이총공회에 맞서게 했고 비밀리에 두웨성 같은 깡패들을 동원해 노동조합을 공격했다.

그러나 중국공산당은 이런 상황에 아무 대비가 없었다. 당시 코민테른을 이끌던 부하린과 스탈린은 중국 혁명은 "자본가계급이 이끌고 민족자본가-노동자-농민-학생 4자 연합에 의해 수행되는 부르주아 민주주의 혁명"이라고 봤다. 그래서 장제스의 군대를 혁명군으로 여겼고, 장제스의 상하이 입성이 중국 혁명의 새 국면을 열었다고 봤다. 스탈린은 장제스가 쿠데타를 일으키기 1주일 전에 다음과 같이 말했다. "장제스는 규율에 복종하고 있습니다. 국민당은 우파와 좌파 그리고 공산당의 연합이자 일종의 혁명적 의회입니다. 장제스가 왜 쿠데타를 일으키겠습니까? 우리가 다수를 차지하고 있고, 우파가 우리를 따르는 상황에서, 왜 우파를 내쳐야 합니까?" 그러면서 코민테른과 소련공산당은 중국 노동자들을 무장 해제시켰다. 봉기에 참여한 노동자들을 설득해 무기를 장제스에게 넘겨주거나 숨기거나 파묻어서 불필요한 충돌이 벌어지지 않도록 하라고 중국공산당에 지시했다.

중국공산당과 그들이 지도하는 상하이총공회는 장제스, 은행가, 산업·상업 자본가와의 연합에 사활을 걸었고, 그들과 협력하지 않으면 아무것도 성취할 수 없다고 생각했다. 이것은 봉기에 참가한 노동자들의 손발을 묶는 행위였다. 심지어 4월 4일에는 상하이총공회가 파업을 자제시키는 일련의 규약을 발표하기도 했다.

무장한 노동자들이 상하이를 실질적으로 장악하고 있었는데도 중국공산당은 계급 연합 전략을 추진하면서 노동계급의 주도권을 완전히 포기한 것이다.

그림 1-5. 즉결 처형 당하는 노동자들.

장제스의 반혁명과 쓰디쓴 교훈

1927년 4월 12일 새벽 4시, 장제스의 쿠데타가 시작됐다. 일부 지역에선 노동자들의 저항이 있었지만 금세 쿠데타군에 제압됐고, 노동자 규찰대와 지지자들은 그 자리에서 총살당했다. 하루 동안만 수백 명이 살해됐다.

중국공산당은 노동자들에게 저항하자고 호소했고, 쿠데타 다음 날인 4월 13일에 노동자 10만 명이 파업에 들어갔다. 그러나 세력 관계를 역전시킬 수는 없었다. 수천 명의 공산당원과 노동자가 살해당했다.

그럼에도 중국 노동자 투쟁이 완전히 무너진 것은 아니었다. 장제스의 쿠데타로 상하이 운동은 일격을 당했지만, 혁명적 분위기가 중국 전역으로 확산되고 있었다. 주요 도시의 노동자 조직들은 파괴되지 않았고, 농민 투쟁도 계속되고 있었다.

그러나 코민테른과 그 지시를 받은 중국공산당은 상하이에서 실패한 전략을 돌아보기는커녕 우한에서 그대로 되풀이했다. 스탈린은 우한의 국민당 좌파 정부가 혁명의 중심이 됐다고 선언했고, 노동자와 농민이 군벌과 제국주의에 맞서 이 정부를 지지해야 한다고 주장했다.

그렇지만 국민당 좌파 정부의 수장 왕징웨이는 공산당을 배신하고 7월에 장제스와 제휴했다. 스탈린은 중국공산당을 또 다른 부르주아 정당인 국민당 좌파에 종속시킴으로써, 또 노동계급의 이익을 민족적 단결이라는 신화에 종속시킴으로써, 중국 혁명을 전진시킬 절호의 기회를 내버린 것이다.

당시에 1917년 러시아 혁명을 승리로 이끌었던 트로츠키는 중국공산당이 국민당 좌파에게서 독립하고, 그들 자신의 무기와 조직과 힘에 의존해야 하며, 국민당 좌파가 아니라 농민과 연대해 혁명적 열기를 모아 소비에트 건설로 나아가야 한다고 주장했다. 중국 노동계급이 반제국주의 과제와 자기 고유의 이익을 결합해 사회주의 혁명으로 나아가야 한다고 주장한 것이다.

그러나 스탈린은 트로츠키의 주장이 노동자 대중에게 알려지지 못하게 가로막았다. 코민테른과 스탈린, 중국공산당의 과오는 여기서 멈추지 않았다. 그들은 광저우·상하이·우한에서 기회주의와 타협주의로 입은 손상을 일거에 만회할 심산으로, 이번에는 정반대의 모험주의로 나아갔다. 1927년 하반기에 준비도 되지 않은 추수 봉기와 광저우 봉기를 일으킨 것이다.

광저우의 노동조합 연합체는 1926년에만 해도 20만 명을 거느린 강력한 조직이었다. 그러나 장제스의 중산함 사건으로 타격을 입은 뒤로 노동자들은 수동적 방관자로 남아 있었다. 이런 상황에서 공산당이 일으킨 광저우 봉기는 노동자들의 눈에 "갑작스럽고 돌발적인 사건"에 지나지 않았다. 광저우 봉기를 주도한 코민테른 파견자는 이 봉기가 실패할 수밖에 없었다고 나중에 실토했다. 그런데도 코민테른과 소련공산당 지도자 스탈린과 부하린은 중국 혁명에서 자신들이 저지른 과오를 덮고 트로츠키의 통합반대파 세력을 제압하기 위해 봉기를 일으켰다. 소련 내에서 자신의 지위를 강화하려고 중국 혁명을 장기판의 졸처럼 이용한 것이다.

중국은 1925~1927년 혁명을 통해 제2의 러시아가 될 수 있었다. 중국 노동자들은 그런 잠재력을 보여 줬다. 그러나 스탈린과 부하린의 과오 때문에 중국 혁명은 패배하고 노동자들은 학살

당했다. 부르주아 혁명을 거친 다음에야 사회주의 혁명으로 나아갈 수 있다는 단계론, 노동계급의 독립성을 내버리고 자본가계급에 종속시킨 계급 연합, 준비되지 않은 봉기를 일으켜 남아있던 공산당 조직과 지지자들을 궤멸시킨 모험주의 등이 그것이다.

2장

1925~1927년 혁명과 트로츠키

이 장에서는 트로츠키가 1925~1927년 중국 혁명에 관해 뭐라고 주장했는지, 그것이 후대 사회주의자들에게 어떤 교훈을 주는지 살펴보고자 한다.

트로츠키는 1925~1927년 혁명 당시 코민테른을 지도한 스탈린이나 부하린과는 근본적으로 다른 입장이었다. 핵심 쟁점은 중국 혁명의 성격은 무엇이고 어떤 세력이 이끌어야 하는지, 그에 비춰 중국공산당은 국민당과 어떤 관계를 맺어야 하는지였다. 이 차이는 혁명의 결정적 국면에서 어떤 전략과 전술을 채택해야 하는지를 두고도 차이를 낳았다.

코민테른과 1차 국공합작

중국 혁명은 신생 노동자 국가였던 러시아의 사회주의자들에게 깊은 인상을 남겼다. 러시아의 혁명가 빅토르 세르주는 "중국 혁명은 우리 모두를 깜짝 놀라게 했다. 나는 소비에트 세계 전체를 들어 올리는 듯한 긍정적인 열정에 큰 감명을 받았다"고 말했다.

당시 세계 공산주의 운동에 큰 영향을 미치고 있던 코민테른과 소련공산당은 중국공산당이 창당할 때부터 적극 관여했다. 1920년대 초에 코민테른은 그리고리 보이틴스키와 마링(네덜란드인으로 본명은 헨드리퀴스 스네이블릿)을 중국에 보내 중국공산당의 창당과 활동을 도왔다.

마링은 1921년 중국에 와서 홍콩의 선원 노동자 파업을 보고 큰 감명을 받았고, 그 투쟁의 지도부가 국민당 지지자라는 것을 알게 됐다. 마링은 1921년 12월에 국민당 지도자 쑨원을 만나 국공합작에 대해 처음 논의했다. 그 뒤 마링은 코민테른의 식민지문제위원회에 국공합작 정책을 제안했다. 마링은 "국민당은 노동계급과 연계를 맺고 선원 파업을 지도했고, 많은 선원들이 국민당에 가입했다"며, "국민당은 노동자 정당"이기에 "공산당원들은 국민당 안에서 정치 활동을 해야 한다"고 주장했다. 코민테른 지도부는 이 보고에 기초해 국공합작 정책에 동의한 것으로 보인다.

그러나 마링은 1922년 8월 중국공산당 2차 당대회에서 코민테른의 권위를 이용하고서야 가까스로 국공합작에 대한 동의를

그림 2-1. 1926년의 트로츠키.

이끌어 냈다. 당시 천두슈 등 중국공산당 지도부가 국공합작에 강하게 반대했기 때문이다.

1923년 3월 소련을 대표한 아돌프 이오페와 중국 국민당 지도자 쑨원의 공동선언이 발표되며 1차 국공합작이 공식 시작됐다. 그것의 내용은 공산당원들이 국민당에 개인 자격으로 입당하고 국민당의 당규를 따른다는 것이었다. 소련은 국민당을 위해 황푸군관학교를 지어 주고 재정 지원을 해 주고 군사고문을 파견했다.

코민테른 집행위원회는 "중국공산당이 독립적 조직을 유지해야 한다"는 결의안도 채택했다. 그러나 이것은 개인 자격으로 국민당에 입당한다는 것과 모순이었고, 그 뒤 실천을 보면 이 결의안은 공문구였다.

당시 트로츠키는 소련공산당 정치국 안에서 홀로 국공합작에 반대했다. 나중에 트로츠키 자신이 동료인 맥스 샥트먼에게 보낸 편지에 그 사실을 밝혔다. 그러나 안타깝게도 트로츠키는 중국공산당 지도자 천두슈가 처음부터 국민당 입당에 반대했고 그 뒤 결정적 시기마다 국민당에서 나와야 한다고 코민테른에 호소했음을 알지 못했다. 스탈린과 부하린이 그 사실을 비밀에 부쳤기 때문이다.

중국공산당을 국민당에 예속시킨 스탈린과 부하린

당시 역사를 돌이켜 보면, 노동자 투쟁이 절정을 향해 가던 1925년 5·30 운동 이후에는 중국공산당이 국공합작을 중단하고 국민당에서 나와 독자적으로 활동해야 했다. 당시 홍콩에서 소비에트라고 할 만한 기구가 등장하고 이중권력 상황이 펼쳐졌기 때문이다.

이 기회를 놓쳤더라도 중국공산당은 장제스가 쿠데타를 시도한 1926년 3월 중산함 사건 뒤에는 반드시 국민당에서 나와야 했다. 이 사건은 장제스와 국민당이 대표한 중국 자본가계급의 이해관계와 중국 노동자·농민의 이해관계가 충돌한다는 것과 함께, 장제스가 노동자 투쟁을 짓밟기 위해 무슨 짓까지 할 수 있는지를 분명하게 보여 줬기 때문이다.

그러나 스탈린과 부하린은 중국공산당이 계속 국공합작에 매여 있도록 했다. 심지어 중산함 사건 직전에 코민테른은 국민당을 준회원으로, 장제스를 명예 회원으로 받아들였다.

당시 트로츠키는 소련공산당 정치국 내에서 이 결정에 반대한 유일한 인물이었다. 트로츠키는 장제스가 중국 노동운동을 궤멸시킬 것이라고 경고하면서, "장제스는 사형집행인의 역할을 맡기 전에 세계 공산주의의 보호막이 필요했고, 마침내 그것을 얻는 데 성공했다"고 지적했다.

스탈린과 부하린은 중국이 제국주의에 의해 민족 억압을 받고 있기 때문에 계급을 뛰어넘어 민족적 단결을 이뤄야 하고 중국공산당이 그에 복무해야 한다고 주장했다. 중국에서 일어날 혁명은 부르주아 혁명일 것이기에 자본가와 국민당이 이 혁명을 지도해야 하고, 중국공산당은 국민당과의 단결을 무엇보다 우선시해야 한다는 것이었다.

스탈린과 부하린은 자신들이 레닌의 1905년 입장을 계승했다

그림 2-2. 1930년의 스탈린(왼쪽)과 부하린(오른쪽).

고 했지만, 사실 그것은 멘셰비키의 입장이었다. 멘셰비키는 러시아 혁명을 부르주아지가 주도해야 한다면서 부르주아지와의 동맹을 추구했다. 반면, 1905년에 레닌은 러시아에서 일어날 혁명의 성격을 부르주아 혁명이라고 보기는 했지만, 부르주아지와 동맹을 맺는다는 생각은 전혀 하지 않았다. 오히려 그는 노동계급이 혁명을 이끌어야 하고, 그러면 부르주아지와 충돌할 수밖에 없다고 주장했다.

트로츠키의 비판

트로츠키는 제국주의의 지배를 받는 중국에서는 계급투쟁을 자제해야 한다는 스탈린과 부하린의 주장을 정면 비판했다. 제국주의의 압력은 중국 내의 계급투쟁을 약화시키기는커녕 더 첨예하게 만들 것이라고 주장했다. "제국주의에 맞선 혁명적 투쟁은 계급들 사이의 정치적 차이를 … 오히려 강화한다. 제국주의는 중국 내 사회관계들에 매우 강력한 힘을 미친다. 그 힘의 주요 원천은 … 외국자본과 토박이 부르주아지의 경제적·정치적 유대다. … 차별당하고 착취당하는 대중이 자기 발로 서려 할 때마다 민족부르주아지는 제국주의자들의 품에 안기고야 말 것이다."

1920년대 중국 자본가들은 강대국들과 무역을 하며 성장한 상인들이었고, 지주계급 출신이거나 그렇지 않더라도 지주들과 끈끈한 관계였다. 트로츠키는 노동계급이 농민을 지도해 제국주의와 타협하는 자본가들을 분쇄할 때에만 반제국주의 과제를 성취할 수 있다고 주장했다.

트로츠키의 주장은 비극적으로 입증됐다. 장제스가 쿠데타를 일으켜 1927년 3월 상하이에서 일어난 노동자 혁명을 분쇄한 것이다. 국민당은 대중운동을 자기들 이익을 위해 이용하고 나서 파괴한 것이다. 그럴 수 있었던 것은 코민테른 덕분에, 급성장하는 중국공산당을 국민당에 예속시킬 수 있었기 때문이다. 중국 노동자들은 국민당에 저항하지 못하게 손발이 묶인 셈이었다.

장제스가 쿠데타를 일으키기 직전에 트로츠키는 장제스의 쿠데타를 경고하고 이에 대비해야 한다고 주장했다. 소련공산당 정치국에 제안서를 보내 중국에서 봉기한 노동자와 농민이 소비에트를 조직한다면 장제스의 쿠데타로부터 혁명을 구할 수 있다고 주장했다.

얼마 뒤 트로츠키의 경고대로 장제스가 쿠데타를 일으켰고 공산당원들과 노동자들을 대량 학살했다. 그런데도 스탈린과 부하린은 생각을 바꾸지 않았다. 그들은 이번에는 중국공산당에게 국민당 좌파인 왕징웨이를 지지하라고 지시했다. 이 정책도 3개월 뒤인 1927년 7월 왕징웨이의 배신으로 또다시 비극적 결말을 맞이했다.

1926년 광저우, 1927년 상하이와 우한에서 겪은 세 번의 패배로 중국 혁명은 큰 타격을 입었지만, 아직 가능성은 남아 있었다. 트로츠키는 혁명 세력이 장제스의 독재와 무능을 폭로하고, 언론·출판·결사의 자유 같은 민주주의 쟁점을 내걸고 지지 세력을 넓히면서 다음 기회를 노려야 한다고 주장했다.

그러나 스탈린과 부하린은 자신들의 오류로 인한 패배를 은폐하려고 중국공산당에 준비되지 않은 무장봉기를 일으키게 했다. 그 결과 봉기는 패배했고 혁명의 힘은 완전히 소진됐다.

스탈린과 부하린이 왜 중국공산당을 국민당에 예속시키고 중국 혁명을 재앙으로 이끌었는지를 알려면, 1920년대 초 국제 혁명운동과 소련 내 상황을 간단하게나마 살펴봐야 한다. 1923년 독일 혁명의 패배는 러시아 혁명의 운명에 큰 영향을 미쳤다. 세계 자본주의 체제가 소련에 엄청난 경제적·군사적 압력을 가했고, 소련 관료들은 '헛되이' 국제 혁명을 추구하기보다 '일국사회주의'를 방어하고 발전시키는 것에 관심을 두게 됐다.

1924년 무렵 코민테른은 국제 혁명을 이끄는 기구가 아니라 소련을 방위하는 외교정책에 종속돼 그 명령을 충실히 따르는 도구로 변질됐다. 당시 소련 지도자들이 작고 미약한 영국공산당보다는 영국 노총TUC이 소련 방어를 위해 힘쓸 수 있는 실세라고 여기며 '영·소 위원회'를 만든 것이나, 중국공산당을 국민당에 예속시키고 국민당의 환심을 사려 한 것은 모두 이와 같은 소련 관료의 이해관계를 반영하고 있었다. 또한 스탈린과 부하린은 중국에서 부르주아 혁명이 성공한다면 트로츠키의 좌익반대파를 제압하고 당내 주도권을 쥘 수 있다고 봤다.

이런 재앙적 정책으로 노동계급 기반을 완전히 잃은 뒤에 중국공산당이 택한 노선이 바로 마오쩌둥주의였다. 마오쩌둥은 생산에 기반을 두지 않은 게릴라를 이끌고 중국 서북부 지역인 옌안에 둥지를 틀고 있다가 국민당과 맞붙은 내전에서 승리하면서 도시를 장악하고 중화인민공화국을 세웠다. 그러나 이 1949년 혁명으로 수립된 것은 노동자 권력이 아니라 자본주의의 일종인 국가자본주의 체제였다.

중국 혁명과 연속혁명론

트로츠키는 중국 혁명에 관심을 기울이고 중국 혁명을 평가하는 많은 글을 써서 후대의 사회주의자들에게 귀중한 교훈을 남겼다.

그러나 1927년 상하이 노동자 무장봉기 직전까지는 중국에 대한 글을 별로 쓰지 않았다. 하나는 1925년 5·30 운동을 다룬 짤막한 글이고, 다른 하나는 소련공산당 정치국에 제출한 보고서로 "중국과 일본에 대한 우리 당 정책의 문제들"이라는 글이다. 마지막으로 1926년 9월에 카를 라데크에게 보낸 편지가 있는데, 이 글에서야 비로소 중국 혁명에 대한 분석이 나온다.

중국공산당 창당부터 노동자 혁명이 꽤 전개된 시기까지 공백이 있었던 것이다. 몇 가지 이유가 있었다. 우선, 트로츠키가 러시아 내전 기간(1917~1922년)에 전쟁 담당 장관으로서 러시아 전역을 돌아다니며 백군과 싸우느라 바빴던 것이 한 이유일 것이다. 또, 중국 상황에 관한 정보 제한 같은 스탈린의 방해도 있었다.

그러나 트로츠키 자신의 문제도 있었다. 그는 1924년 말부터 1926년 6월까지 정치 활동을 거의 하지 않았다. 또, 트로츠키가 좌익반대파를 이끌어 부하린-스탈린과 맞설 때, 또 지노비예프-카메네프와 제휴해 통합반대파를 만들었을 때, 자기 진영 인물들에 타협을 많이 한 것도 공백의 또 다른 이유였다. 예를 들어, 국공합작을 처음 추진한 마링, 쑨원과 함께 국공합작을 선포한 아돌프 이오페는 좌익반대파 성원이었다. 또 다른 좌익반대파 성원인 카를 라데크는 1922년 코민테른 4차 대회에서 중국공산당 지도자 천두슈가 국민당 입당에 반대한 것을 강하게 비판했고, 1927년 3월까지도 이 입장을 고수했다. 지노비예프는 1926년 5월까지 코민테른 의장을 지내면서 중국에 대한 잘못된 정책을 추진했다.

그러나 이와 같은 제약 속에서도 트로츠키는 중국 혁명의 고비마다 정세를 정확히 파악하고 중국공산당이 나아갈 방향을 올바로 지적했다.

그림 2-3. 1927년 무장봉기를 일으킨 상하이 노동자들.

1926년 9월 이후에 트로츠키의 분석대로 중국공산당의 정책을 바로잡을 수 있었다면, 또 1927년 4월 장제스의 쿠데타 이후에라도 중국공산당이 국민당 좌파에 종속되지 않고 독립적으로 투쟁을 조직했더라면, 상황은 완전히 다르게 전개됐을 것이다. 중국 혁명이 참혹하게 패배하고 그것이 세계 혁명운동에 미친 악영향을 생각하면, 트로츠키의 제안이 현실에 적용되지 못한 것이 너무 안타깝다.

그럼에도 트로츠키가 중국 혁명을 평가하며 남긴 글들은 중국 혁명가들에게 영향을 미쳐 1930년대 초 중국에서 트로츠키주의 조직을 건설하는 데 큰 도움을 줬다.

트로츠키는 중국 혁명을 평가하며 연속혁명 이론을 발전시켰다. 이를 통해 후대의 혁명가들을 위한 귀중한 교훈을 남겨 줬다. 그 핵심 내용은 다음과 같다.

첫째, 후진국의 부르주아지는 봉건제와 제국주의에 맞서 민주적·혁명적 해결책을 일관되게 제공할 수 없다. 둘째, 그 혁명을 이끌 결정적 구실은 인구에서 소수일지라도 노동계급의 몫이다. 셋째, 농민은 독자적 권력을 세울 수 없고 결국 노동계급의 지도를 따를 것이다. 넷째, 노동계급이 이끄는 민주주의 혁명은 즉시 사회주의 혁명으로 성장·전화할 것이다. 다섯째, 사회주의 혁명은 한 나라에서 시작할지라도 전 세계 차원에서 완수될 것이다.

트로츠키는 연속혁명 이론의 관점에서 중국 혁명을 분석한 중요한 글도 여럿 남겼다. 《레닌 이후의 제3인터내셔널》 3장에 실린 "중국 혁명의 개괄과 전망"이 그중 하나다.

그런데 1949년에 일어난 중국 혁명은 트로츠키의 주장을 전면 부정하는 듯했다. 당시 노동자들은 민족 해방 혁명을 이끌기는커녕 주변적 구실만 했다. 그러나 1949년 중국 혁명은 공산당이 이끌었지만 사회주의 혁명이 아니었고, 이 혁명을 통해 수립된 것은 국가자본주의 체제였다.

중국 혁명을 거치면서 트로츠키가 일반화한 연속혁명 이론은 오늘날에도 여전히 의미가 크다. 두 가지를 강조하고자 한다. 먼저, 선진국뿐 아니라 후진국에서도 노동계급이 사회변혁을 이룰 유일한 집단이라는 점이다. 물론 이것은 자동적이지 않다. 노동자들이 혁명적 투쟁을 지도할 수 있는 독립적 정치 세력으로 발전하는 것이 중요하다. 다른 하나는 국제주의다. 자본주의는 국제적 체제이므로 일국의 발전과 투쟁을 세계적 차원에서 이해해야 하고, 어떤 혁명이든 살아남으려면 세계로 확산돼야 한다는 것이다. 트로츠키의 유산을 적용하는 것은 오늘날 혁명가들의 몫이다.

3장

1949년 혁명은 사회주의 혁명이었나?

미·중 갈등이 나날이 심화되고 있다. 사람들은 이러다가 한반도가 전쟁에 휩싸이는 날이 올지 모른다는 두려움을 느끼고 있다. 그런 사람들 중 일부는 미국에 반대해 중국을 지지하는 것이 비극을 막거나, 아니면 비극이 일어나도 그 참상을 줄일 수 있지 않겠느냐 하고 희망을 걸어 보는 듯하다.

이런 한 가닥 기대를 걸어 보는 사람들의 일부는 좌파로, 그들도 중국이 사회주의 사회라는 통념, 상식을 공유하고 있다. 그들은 미·중 무역 전쟁, 홍콩 민주화 시위, 티베트나 신장위구르의 독립운동 등의 쟁점이 불거질 때, 중국을 변호하는 입장을 취한다. 중국이 여전히 공산당이 통치하고 있기 때문이라거나 중국 사회가 미국 등 서구 사회와 본질적으로 다르고 진보적인 사회라고 보기 때문이다. 인민공사의 해체나 시장 개방 같은 변화들이 있었는데도 말이다.

그렇다면 인민공사를 설립하고 시장을 거의 폐지했던 1949년의 중국 혁명은 사회주의 혁명이었을까? 중국 헌법의 서문은 중

그림 3-1. 1949년 10월 1일 중화인민공화국 설립을 선포하는 마오쩌둥.

국에서 "사회주의가 실현"됐고, "착취가 소멸"했고, "무산계급 독재가 발전"했다고 주장하고 있다.

중국을 여행해 본 이들에게 물어보라. 중국을 무산계급이 지배하고 있고 중국에 착취가 없다는 주장을 믿을 사람이 얼마나 될까? 상하이나 베이징 등 대도시 거리를 오가는 수많은 무산계급 사람들이 중국 사회를 지배하고 있는 것처럼 보이나? 착취가 없다면 해마다 활발히 일어나는 중국의 노동쟁의는 뭘까?

그럼에도 사람들은 중국이 사회주의 사회라고 그냥 생각한다.

국유 경제가 사회주의라고 학교에서 배웠고, 매스미디어도 이를 상식으로 당연시하기 때문이다. 이것은 마치 수학의 공리처럼 증명이 불필요한 자명한 진리로 여겨지고 있다. 그렇지만 일찍이 100년도 더 전에 카를 마르크스는 사회주의는 노동계급 자신의 행위라고 여러 차례 강조했다. 학교와 언론, 정치인들이 무엇을 사회주의라고 부르든 간에 마르크스는 사회주의를 노동계급의 자력 해방 또는 아래로부터의 노동자 권력으로 정의했다.

그래서 마르크스는 국유화가 시행된 적도 없는 파리코뮌을 노동자 국가로, 사회주의 혁명으로 규정했다. 1917년 10월 볼셰비키 혁명으로 수립된 소비에트 국가도 내전이 격화되기 시작한 이듬해 7월까지는 국유화를 시행하지 않았다. 그 대신에 혁명정부는 생산의 노동자 통제를 추진했다. 그렇다고 해서 1917년 10월 혁명이 사회주의 혁명이 아니었다는 뜻일까?

국유화 여부가 곧 사회주의의 잣대가 아니다. 국가가 누구의 것이냐, 곧 국가를 어느 계급이 통제하느냐가 우리가 먼저 던져야 할 질문이다.

그렇다면 중국 혁명은 누구의, 어느 계급의 혁명이었나? 그 혁명으로 탄생한 신생 국가를 누가, 곧 어느 계급이 통제했을까?

이게 바로 우리가 던져야 할 질문이다. 이 장에서는 이 질문에 답하고자 한다. 결론부터 말하면, 1949년 중국 혁명은 일본과 서양 제국주의를 축출하고 독자적 국민국가를 세우기를 원한 좌파적 지식인들이 지주 제도 폐지를 원한 농민을 지도해서 일으킨 혁명이었다. 노동계급의 사회주의 혁명이 아니라 중간계급의 민족 해방 혁명이었다. 이 혁명에서 중국 노동계급은 능동적 주체가 아니라 수동적 응원자에 머물렀다.

혁명의 성과

1940년대 중국에서는 국민당과 공산당 두 세력이 중국의 패권을 두고 경쟁을 벌였다. 장제스가 이끄는 국민당은 미국의 지원을 받았고 고위 관료, 군 장성, 지주, 대자본을 기반으로 하는 노골적 자본주의 정당이었다. 반면 마오쩌둥의 공산당은 서쪽 변방의 옌안을 중심으로 그 지역 농민에 사회적 기반을 둔 좌파적 민족주의 정당이었다.

국민당 정부는 본질적으로 고위 관료와 4대 부자 가문(쿵 씨, 쑹 씨, 장 씨, 천 씨)을 위한 정부였다. 국민당 통치 지역에서는 늘 살인적 인플레와 대량 실업 그리고 빈곤이 나타났다. 국민당 장교들의 부패는 인민해방군(중국공산당이 이끄는 군대)의 헌신적 활동과 뚜렷하게 대비됐다. 국민당 장교들은 부대원들의 급료와 보급품을 착복해 사리사욕을 채웠던 것이다.

1949년 혁명 과정은 본질적으로 국민당 군대와 인민해방군이라는 두 정규군 사이의 전쟁이었다. 도시 노동계급과 대다수 농민은 방관자에 불과했다. 공산당은 도시 가까이 진격하자 다음과 같은 명령을 내렸다. "생업에 종사하는 노동자들과 종업원들은 일을 계속하고 영업은 평상시처럼 돌아가게 하라. … 국민당 관리들과 경찰관들은 자기 직무에 그대로 남아, 인민해방군과 인민 정부의 명령을 따라야 한다."

물론 국가 경제의 파탄과 빈부 격차의 확대, 국민당의 무능으로 인해 대다수 중국인들은 끔찍한 고생과 혼란에서 벗어나는 길은 공산당이 승리하는 것밖에 없다고 생각했다.

1949년 혁명은, 물론 진정한 혁명이었다. 도시 지식인들이 지휘한 농민 군대가 옛 지배계급을 타도하고, 일본과 서방 제국주의 권력을 중국 대륙에서 내쫓고, 새로운 사회질서의 토대를 놓은 근본적 사회변혁이었다.

마오쩌둥이 이끄는 새 정부는 토지개혁을 단행해 지수 제도를 철폐했다. 이제 지주는 더는 지배계급으로 존재하지 못하게 됐다. 새 정부는 지주들에게서 토지와 가축과 농기구 등을 몰수해, 중국 인구의 압도 다수를 차지하는 농민에게 동등하게 토지를 분배했다. 그 덕분에 농민은 분배받은 토지를 개인 소유

그림 3-2. 1950년 공표된 토지개혁법으로 중국 농민의 대다수가 토지를 갖게 됐다.

로 삼을 수 있었다. 1952년 말에 이르면 전국 농민의 90퍼센트 이상이 토지를 분배받았다. 그래서 당시 농민들은 서로 만나면 수천 년 동안 내려오던 인사, "밥 먹었어?" 대신에 "동지, 해방됐어?" 하고 안부를 묻기도 했다.

또한 1949년 혁명의 성과로 혼인법이 공표됐다. 혼인법은 유교적 가족제도에 억눌려 있던 수많은 여성의 해방을 목표로 한 것이었는데, 수세기 동안 자행돼 온 아동 혼인을 금지하고, 최소 결혼연령을 남자 20세, 여자 18세로 정했으며, 전족纏足이나 축첩蓄妾 그리고 영아 살해도 금지했다. 이혼은 간단한 쌍방 간 동의로 가능했고, 이혼에서 여성의 이익이 우선적으로 보호받았다. 또한 여성은 독립적 존재로 인정돼 분배 토지를 소유할 수 있었다.

그러나 토지개혁과 민주주의적 개혁만으로는 1949년의 변화를 사회주의 혁명이라고 규정할 수 없다. 그래서 1949년 혁명의 성격을 더 정확히 보려면 새 정부와 노동계급의 관계를 살펴봐야 한다. 새 정부의 소수민족 정책 문제는 11장에서 살펴보겠다.

도시의 접수와 관리

인민해방군이 도시로 입성했을 때 도시 주민들(다수가 노동자)은 인민해방군을 환영했다. 그렇지만 노동자들은 혁명의 능동적 행위자는 아니었다.

물론 노동자들이 완전히 무력한 존재는 아니었다. 1949년 혁명 전에도 도시 노동자들은 초인플레로 인한 생활수준 하락과 물자 부족 때문에 일본 제국주의와 국민당 통치에 맞서 종종 저항을 벌였다. 그렇지만 공산당은 이 투쟁을 지도하지 않았고, 그래서 이 투쟁으로 공산당 지지가 증대한 것도 아니었다.

혁명 후 공산당에게는 "도시 접관接管"이 중요한 과제였다. "접관"은 접수해 관리한다는 뜻이다. 당시 도시 노동자들은 공산당

그림 3-3. 1949년 5월 상하이에 입성하는 인민해방군.

이 토지개혁을 실시한 것을 보고 임금 인상이나 노동조건 개선 같은 개혁도 하리라고 기대를 품었다. 그렇지만 마오쩌둥이 시행한 접관 정책은 본질적으로 국가 경제에 유익한 사기업과 민족부르주아들을 보호하고, 생산의 회복과 발전을 최고 목표로 삼는 것이었다. 한 미국인 기자는 이런 조치들의 의미를 다음과 같이 설명했다. "공산주의자들이 도시 노동자들에게 과도하게 높은 임금을 지불해 환심을 사려 하지 않는다는 것, 그리고 사유 공장에서 생산에 대한 최고 권위를 경영자에게 부여했다는 것이다."

1949년 혁명 후 노동조합은 노동자의 이익을 옹호하기는커녕 생산을 장려하고 관리하는 구실을 맡았다. 노동조합이 경영자와 한편이 돼 행동하는 경향이 비일비재하게 나타났다. 게다가 산업 생산이 확대되자 공산당과 노동조합 간부들이 경영진으로 자리를 옮기면서, 노동조합은 경영자 양성 훈련장이 됐다. 오늘날 중국의 공식 노동조합인 중화전국총공회는 사용자단체라고 비난받고 있는데, 이미 이때부터 이런 비난을 받았다. 공산당이 일터에서의 민주주의를 강화한다며 추진한 공장관리위원회와 직공대표대회도 유명무실하거나 거수기 구실을 하는 기구에 불과했다.

이런 껍데기 같은 조직을 두고 오늘날 일부 좌파는 노동자가 생산을 통제하는 "민주관리"라고 찬양한다. 그렇지만 막상 중국 노동자들은 당시에 다음과 같이 비판했다. "공산당이 말하는 '민주주의'는 '민民에 대한 주인主人'을 의미할 뿐이다."

중국혁명 직후에 중국의 산업은 여전히 사기업이 다수를 차지하고 있었다. 그래서 공산당은 생산성을 높이기 위해 사기업주들에게 재산권, 경영권, 해고권 등을 허용하는 일정한 타협을 해야 했다. 다른 한편, 공산당은 국유기업 경영 관료의 부패와 비효율을 막기 위해 "3반"(부패 반대, 낭비 반대, 관료주의 반대) 운동을 펼쳤다.

공산당이 도시를 접수하면서 취한 일련의 정책들은 강력한

그림 3-4. 1951년에 나온 생산성 강화 포스터. "애국주의 생산 경쟁을 전개하자. 생산량 제고가 조국보위 역량 강화다."

국민국가 건설을 위해 생산을 독려하는 것이었다. 강력한 국민국가가 있어야 자본 축적에 성공할 수 있기 때문이다. 공산당은 이 목적을 위해 사기업주와 제휴했고, 개혁에 대한 기대를 품은 노동자들은 억압했다.

이 과정에서 이데올로기 통제도 강화했다. 공산당은 1951년 말부터 노동자에 대한 통제에 불만이 나오지 않도록 지식인들을 겨냥해 "사상개조운동"을 펼쳤다. 이듬해에는 이런 공산당의 행태를 비판하는 트로츠키주의자들을 탄압했고 그들의 단체를 불법화했다. 그래서 대부분의 트로츠키주의자들은 홍콩으로 건

너가 활동할 수밖에 없었다. 파리 유학 시절부터 덩샤오핑과 함께 활동했던 트로츠키주의자 정차오린은 대륙에 남기로 했다가 노동교화소에 감금돼 27년을 보내야 했다.

마오쩌둥 체제의 확립

마오쩌둥은 국유기업과 사기업이 공존하는 경제체제를 수십 년 동안 유지하면서 생산성을 높이고자 했지만 국내외 상황이 이를 뒷받침해 주지 못했다. 특히, 1953년 소련에서 스탈린이 죽고 흐루쇼프가 권력을 장악하자 그동안 잠재했던 소련과의 갈등이 첨예하게 불거졌다. 대만으로 도망간 장제스는 미국과 힘을 합쳐 동남부 연안에서 중국에 대한 군사적 위협을 가하고 있었다. 노동자들의 불만도 커져서 공사합영公私合營 기업들에서 파업이 벌어지곤 했다. 공사합영 기업이란 국유기업으로 전환되는 과도기 상태의 사기업을 말한다.

국내외 압력에 직면한 마오쩌둥은 급속한 공업화를 추진해 세계 자본주의 체제 속에서 살아남을 수 있도록 자본 축적에 성공해야 했다.

공산당은 이 과정을 "신민주주의를 거쳐 사회주의 과도기를 실현했다"고 표현하고 있다. 그렇지만 실제의 과정은 신중국을 건설한 공산당이 노동계급을 자신의 통제 아래 두기 위해 벌인 첨예한 계급 전쟁이었다.

이 '전쟁'은 1956~1957년에 전국적으로 벌어지면서 절정에 이르렀다. 1956년은 헝가리에서 노동자 혁명이 일어나 소련 군대에 맞서 저항하다가 패배한 사건이 벌어진 해였다. 당시 상하이의 한 파업 노동자는 "헝가리에서 배우지 못한다면 우리는 아무것도 할 수 없다. … 중국에서 또 다른 헝가리 사태를 만들자"고 주장했다.

1957년 2월 마오쩌둥은 "인민 내부의 모순을 올바르게 처리하는 문제에 관해"라는 글을 발표했는데, 거기서 그는 학생들의 동맹휴업이나 노동자 파업, 거리 시위 등이 첨예한 계급투쟁으로 번지고 있음을 시인할 수밖에 없었다. 그리고 1956년 헝가리와 폴란드에서 일어난 사태가 이런 상황에 영향을 미치고 있음도 인정해야 했다.

1955년부터 급속한 국유화를 추진했었는데, 그 바람에 노동자들은 정치적·시민적 권리가 제한됐다. 그러나 사회에서 이런 불만을 제기할 지식인들은 "백화제방 백가쟁명" 운동으로 거세됐다. 백화제방 백가쟁명 운동이란 1956~1957년 마오쩌둥이 비판의 자유를 허용한다는 유인책으로 좌·우파 지식인들을 단속한 운동이었다.

농촌에서는 인민공사 체제가 확립되면서 국가가 농촌의 잉여농산물을 수탈해 저렴한 가격으로 도시 노동자들에게 공급했다. 농촌에서 도시로 잉여농산물을 이전하는 데서 이득을 본 쪽은 노동자가 아니라 국가 관료였다.

중국 사회의 성격

마오쩌둥이 확립한 이런 체제를 흔히들 사회주의라고 부른다. 그렇지만 앞서 강조했듯이, 마르크스는 사회주의를 노동계급이 자신의 힘으로 해방을 성취하는 사회라고 정의했다. 신중국 등장 이후 노동자들은 파업권도 없이 노동조합의 감시와 통제 아래에서 노동하며 저임금으로 생활해야 했다. 이런 처지에 있는 노동자들이 해방됐다고 말할 수 있을까?

국가가 생산수단을 통제하면서 노동자와 농민을 착취하고 그 잉여가치로 더욱 부강한 국가를 건설하는 체제가 바로 1949년 이후의 중국이다. 이때 국가 관료는 국가, 즉 엥겔스가 말한 "집합적 자본"의 인격체로 나타난다. 이런 사회는 사회주의 사회가 아니라 자본주의의 한 변형인 국가자본주의 사회다.

1978년 이후 꾸준히 시장 개방이 이뤄졌지만, 자본주의라는 사회의 기본 성격은 바뀌지 않았다. 그것도 여전히 국가자본주의라는 형태로 말이다. 소위 '중국 특색의 사회주의'와 '실질적 노동계급 독재'가 이뤄졌다는 중국 사회에서 그 주인이어야 할 노동자들이 임금 인상이나 노동조건 개선을 요구하며 주기적으로 투쟁하고 있고, 중국 정부는 이를 강경하게 탄압하고 있다. 중국 사회를 모종의 사회주의가 아니라 국가자본주의로 파악할 때만 이런 모순을 이해할 수 있다.

중국 사회의 개혁은 공산당 개혁파의 개혁 조치들이 아니라 톈안먼 항쟁 같은 노동자와 학생의 투쟁에 의한 것이었음을 중국 현대사는 보여 주고 있다. 따라서 사회변혁을 바라는 사람들은 중국 노동자와 학생이 개혁을 쟁취하는 투쟁뿐 아니라 더 나아가 진정한 사회주의, 즉 아래로부터의 노동자 권력을 위한 투쟁과 조직을 건설하기를 바라고 또 지지해야 할 것이다.

4장
마오쩌둥과 문화혁명: 신화와 진실

문화혁명 하면 홍위병들이 톈안먼 광장을 가득 메운 장면이나, '주자파'(자본주의를 추구하는 자들)로 몰린 사람에게 고깔 씌우고 비행기 태우는 장면 등을 떠올릴 것이다. 중국 현대사에서 가장 유혈 낭자했던 사건 하나가 문화혁명일 것이다. 적어도 수십만 명이 사망했다.

당시 대부분의 서구 좌파는 마오쩌둥과 문화혁명에 환상을 품었다. 예컨대 당시 프랑스 철학자 루이 알튀세르나 알랭 바디우 같은 좌파들은 마오쩌둥주의자였고 문화혁명을 찬양했다. 미국과 긴장 완화를 추구하고 있던 소련 대신에 마오쩌둥과 문화혁명에서 사회주의의 미래를 찾으려 한 것이다.

그러나 문화혁명은 혁명도 아니었고 사회주의와도 무관했다. 이 장에서는 마오쩌둥과 문화혁명을 둘러싼 신화와 진실을 살펴보겠다.

그림 4-1. 대약진운동의 일환으로 철광산 개발에 동원된 농민들. 이 정책의 실패로 수천만 명이 아사했다.

문화혁명의 배경과 시작

1949년 중국 혁명은 지주 제도를 폐지하고, 제국주의를 몰아내고, 국민국가를 세운 민족 해방 혁명이었다. 그래서 신중국 건국자들은 부국강병을 이루려 했다. 그런 비전 속에서 마오쩌둥은 1958년부터 1960년까지 '대약진운동'이라고 부른 엄격한 자립 경제 정책을 시행했지만 실패로 끝났다. 그 결과로 마오쩌둥은 실권을 잃고 경쟁자 류사오치가 대신 그 자리에 앉았다.

한편, 중소 관계가 1950년대 말부터 급격히 악화되고 있었다. 마오쩌둥은 미국과 긴장 완화를 추구하기 시작한 소련을 '수정주의'라고 비난했다. 게다가 소련 흐루쇼프의 스탈린 격하 운동에 대항해 마오쩌둥은 이데올로기적 정통성을 강조해야 했다.

이 두 가지 이유, 즉 경제의 실패로 실권을 잃은 것과 소련과의 관계 악화라는 상황에 직면해 마오쩌둥은 이데올로기적·정치적 통제력을 되찾으려고 문화혁명을 시작했다.

실권을 잃어 국가 관료 내에서 기반이 약했던 마오쩌둥은 1966년 문화 분야에서 권력투쟁을 시작했다. 1966년 3월 마오쩌둥의 친위대장 격인 린뱌오 당시 국방부장은 다음과 같이 말했다. "문예라는 이 진지는 무산계급이 아직 점령하지 못하고 자본가계급이 확실히 점령하고 있어 투쟁이 불가피하다." 그리고 4월, 인민해방군 기관지 〈제팡쥔바오解放軍報〉는 다음과 같은 제목의 사설을 실었다. "마오쩌둥 사상의 위대한 붉은 깃발을 높이 들고 사회주의 문화혁명에 적극 참가하자." 이때 '문화혁명'이라는 용어가 처음 등장했다.

마오쩌둥은 당권파를 권좌에서 제거하기 위해 기층 대중을 동원했다. 바로 이들이 홍위병이었다.

홍위병의 활동은 베이징대학교 철학과 시간강사인 녜위안쯔 등 7인이 베이징대학교 총장과 당 위원회 그리고 베이징 시당

위원회를 '반당 분자'이자 '반동'이라고 비판하는 대자보를 붙이면서 시작했다. 마오쩌둥은 이 대자보를 "20세기 1960년대 중국의 '파리코뮌 선언서'"라고 칭송했다. 포퓰리스트 데마고기에 따른 운동을 역사상 최초의 노동자 국가였던 파리코뮌과 같은 반열에 올려놓은 것이다.

7월 27일 마오쩌둥은 "반란에는 이유가 있다"는 제목의 홍위병 대표단 성명서에 지지를 표했다. 이에 고무된 홍위병들은 학교 당국과 주도적 국가 관료에 맞서 반란을 일으켰다. 이 젊은 홍위병들이 바로 문화혁명의 행동대 구실을 했다. 마오쩌둥은 홍위병의 열기를 등에 업고 8월 5일, "사령부를 포격하라"는 성명을 발표했다. '사령부'는 당권파를 뜻했다. 1966년의 마지막 몇 달간 수백만 명의 홍위병이 마오쩌둥 초상화를 들고 마오쩌둥 어록인 붉은 책자를 흔들며 도시의 거리를 돌아다녔다.

홍위병은 문화혁명의 처음 기치인 4가지 구습(구사상, 구문화, 구풍속, 구관습) 타파를 넘어 당권파 자체로 공격을 확대했다. 마오쩌둥파가 아닌 당 관료와 정부 관리는 체포돼 고깔모자를 쓰고 거리를 행진해야 했고, 일부는 대중 집회에서 자신의 '반혁명적' 행위를 고백하고 각종 '비판투쟁대회'에 끌려가는 등 온갖 고초를 겪어야 했다.

1966년 말에 1200만 명의 홍위병들이 베이징에 상경해 집회

그림 4-2. 1966년 12월 마오쩌둥과 린뱌오를 둘러싸고 열광하는 홍위병.

를 열고, 마오쩌둥은 이들을 환영했다. 이들은 소위 혁명 경험을 교환하기 위해 다시 방방곡곡으로 흩어졌고, 자본가나 지주 등 소위 성분이 좋지 않은 인물들을 조리돌림 했다.

마오쩌둥의 대중 동원

그런데 왜 마오쩌둥의 대중 동원에 많은 학생들이 홍위병을 자처하고 많은 노동자들도 이 대열에 합류했을까?

1949년 중국은 부패한 구체제와 제국주의로부터 해방됐지만 노동자와 학생의 현저한 조건 개선은 이뤄지지 않았다. 당과 국가의 관료 지배가 정착되면서 권력과 지위와 보상의 불평등이 오히려 확대됐을 뿐 아니라 심지어 대물림되는 상황이 됐다. 서방의 압력에 맞서야 한다는 이유로 노동자들은 혹심한 희생을 강요당했고, 중·고등학생들은 억압적 학사 행정과 반강제적 정치 학습 등에 불만이 커지고 있었다. 노동자와 학생이 마오쩌둥의 호소에 적극 호응한 것은 이런 물질적 조건 때문이었다.

그런데 마오쩌둥이나 그 반대자들이나 모두 경제의 비전을 놓고는 별 차이가 없었다. 1960년대 초 류사오치나 덩샤오핑 등 당시 당권파는 자립 경제 정책의 실패를 보완하기 위해 각 농가에 자유 시장을 일부 허용하고 텃밭을 제공하는 등 완화 조치들을 시행했다. 그렇지만 여전히 노동계급을 착취하고 억압하는 국가자본주의 체제는 확고히 고수했다.

지방 권력 장악 투쟁과 내전

1967년에 문화혁명은 새로운 단계로 나아갔다. 당 중앙은 홍위병 운동을 중단시키기 위해 갖은 노력을 기울였지만, 운동이 노동자들과 군 사병들에게로 확산된 것이다. 이들은 지방, 성, 지구의 당과 행정 기구로부터 '권력을 빼앗는脫權' 단계로 나아갔다.

마오쩌둥의 대중 동원은 그 결과가 뜻밖으로 나타났다. 3가지 상이한 유형이 있었다. 첫째, 마오쩌둥을 지지하는 노동자 집단이 노동자 파업을 진압하고 지방 권력을 장악한 상하이 사례. 둘째, 지방 당 조직 및 군대의 후원을 받는 노동자 조직과 마오쩌둥 지지 노동자 조직이 내전에 돌입한 우한의 사례. 셋째, 가장 선진적인 정치조직이었던 후난성의 성무련 사례.

첫째 사례부터 살펴보자. 중국에서 제조업이 가장 발전한 지역의 하나인 상하이는 1956년에 노동자들이 총파업을 벌인 곳이었다. 상하이에는 안정적 숙련 노동자들이 있었지만 국영기업에 값싼 노동력을 제공하는 계약직과 임시직 노동자도 많이 있었다. 그러다 보니 상하이 노동계급 내부의 처지와 요구가 서로 달랐고 가끔씩 충돌하는 경우도 있었는데, 이런 상황에서 문화혁명이 벌어졌다.

1966년 11월 방직공장의 젊은 노동자인 왕훙원(문화혁명 4인방 중 1인)이 자주적으로 등장한 상하이노동자혁명조반총사령부(약칭 노동자총사령부)를 지도해 상하이에서 당과 정부 조직을 와해시키고 그 지역을 통제하게 됐다.

그런데 또 다른 노동자 조직인 상하이 '노동자 적위대'가

1966년 12월 31일 총파업을 선언했다. 이 파업으로 상하이가 마비되자, 마오쩌둥의 측근인 장춘차오는 파업 노동자들에게 공장으로 돌아가라고 명령했다. 임금 인상을 요구하는 노동자들을 '경제주의'라고 공격하며 비정규직과 임시직 처우 개선 등의 요구를 묵살했다. 이듬해 1월 말 장춘차오는 보안경찰과 인민해방군을 동원해 파업 노동자들을 진압하고 상하이 시당 위원회를 장악했다. 파업 노동자들이 진압당한 뒤에야 '모든 권력을 인민공사(코뮌)로'라는 슬로건이 상하이에서 울려 퍼졌다. 이는 이른바 인민공사(코뮌)의 성격이 무엇인지 잘 보여 준다.

상하이의 인민공사와 비슷한 조직이 다른 지역에서는 혁명위원회라는 이름으로 등장했지만 사정은 마찬가지였다. 마오쩌둥파가 당권파를 몰아내고 쟁의 참가 노동자들을 진압하면서 등장한 것이 인민공사이자 혁명위원회였던 것이다.

둘째 사례를 살펴보자. 상하이에서는 파업이 벌어져 마오쩌둥 세력에 의해 진압됐다면, 우한에서는 내전이 벌어졌다.

1967년 7월 우한에는 50만 명의 숙련 기술 노동자들로 구성된 '백만웅사百萬雄師'가 지방 당 조직과 우한 군구 사령관 천짜이다오의 지지를 받고 있었다. 그런데 40만 명을 거느린 마오쩌둥 지지 조직 우한 노동자총사령부가 지방의 당과 정부 권력을 빼앗으려 했다. 그러자 지방 당 조직과 군사령관 천짜이다오에게서 무기와 군대를 지원받은 백만웅사가 마오쩌둥 지지 조직인 노동자총사령부를 포위해 공격했다. 결국 중앙정부는 많은 군대를 동원해서야 천짜이다오와 백만웅사를 진압할 수 있었다.

우한의 반란을 경험한 마오쩌둥은 내전이 전국으로 확산될 수 있다는 두려움을 품게 됐다. 그래서 1967년 하반기에 마오쩌둥은 홍위병과 문화혁명을 확산시키자는 분파를 단속하고 대중운동과 지역의 권력 탈취 운동을 통제하기 위해 인민해방군을 동원했다.

셋째 사례를 살펴보자. 문화혁명으로 동원돼 명멸한 대중운동과 조직 중에는 매우 급진적이고 정교한 논리를 갖춘 정치조직도 있었다. 후난성에 있던 성무련(후난성무산계급혁명파대연합위원회)이 바로 그런 조직이었다.

성무련은 지역의 청년·학생과 노동자로 이뤄진 단체로, 당시 중국 사회가 사회주의이긴 하지만 저우언라이로 대표되는 관료집단이 새로운 지배계급으로 부상했다고 봤다. 성무련은 '붉은 자본가계급'인 관료가 옛 국가기구를 장악하고 있을 뿐 아니라, 새로 등장한 혁명위원회의 권력까지도 탈취했다고 주장했다. 그래서 성무련은 파리코뮌의 대중민주주의에 기초해 인민공사를 설립하자고 주장했다.

성무련의 급진적 성격 때문에 마오쩌둥은 이들을 '무정부주의자', '트로츠키주의자'라고 비난했고 보안경찰과 군대를 통해 잔인하게 진압했다.

문화혁명의 분위기 속에서 등장한 대중운동은 1968년 전반기에는 대부분 끝났다. 정적 제거와 실권 회복이라는 목적을 달성한 마오쩌둥이 보기에 홍위병은 더는 정치적 유용성이 없었다. 게다가 홍위병은 마오쩌둥의 목적에서 더 나아가 당 조직 전체를 공격하면서 마오쩌둥이 보기에 무정부주의적 위험을 낳고 있었다.

마오쩌둥은 문화혁명을 통해 당권파를 몰아내고 당과 국가기구의 주도권을 장악한 후에는 '계급대오정화' 운동이라는 캠페인을 벌였다. 이 과정에서 '흑5류'(지주, 부농, 반혁명분자, 악질분자, 우파분자) 출신자들이 박해를 받았다. 그렇지만 이 운동의 진정한 목적은 문화혁명 동안 공격받았던 당 간부와 국가 관료들을 정치적으로 복권시켜 주는 것이었다.

린뱌오와 4인방의 몰락

1969년 4월에 중국공산당 9차 당대회가 열렸다. 그 당대회는 당시 국가 주석이자 마오쩌둥의 정적인 류사오치를 반혁명 수정

그림 4-3. 1967년 4월 베이징에서 병사들을 사열하며 마오쩌둥 어록을 흔드는 중국 공산당 지도자들. 왼쪽부터 저우언라이, 마오쩌둥, 린뱌오.

주의 분자로 공표하면서 문화혁명의 '위대한 승리'를 자축했다. 그 뒤에 벌어진 일들은 대중 동원은 전혀 없는 순전히 지배계급 분파들 사이의 책략과 갈등 그리고 정적 제거의 드라마였다.

가장 먼저 제거된 집단은 인민해방군의 지도자이자 마오쩌둥의 후계자로 공표됐던 린뱌오와 그의 동맹자들이었다. 문화혁명을 거치면서 인민해방군의 세력이 커지고 그에 따라 린뱌오가 마오쩌둥의 잠재적 경쟁자가 됐기 때문이다. 1971년 9월 린뱌오는 비행기를 타고 소련으로 망명하다가 몽골에서 추락사를 당했다. 그가 죽은 뒤에 당권을 쥔 4인방(마오쩌둥의 아내 장칭, 왕훙원, 장춘차오, 야오원위안)은 린뱌오가 노예제 사회를 지지한 공자의 추종자라는 뜬금없는 비난을 하며 '비림비공'(린뱌오를 비판하라, 공자를 비판하라) 운동을 벌였다. 그렇지만 이 운동의 진정한 표적은 당시 총리이던 저우언라이와 덩샤오핑이었다.

그러던 터에 1976년 1월 저우언라이가 사망했다. 많은 사람이 그를 애도했다. 그렇지만 친마오쩌둥 핵심 그룹인 4인방은 이를 방해했다. 이에 반대해 10만 명이 넘는 사람들이 청명절인 4월 5일 톈안먼 광장에서 항의 시위를 했다. 생활수준의 꾸준한 하락과 맞물린 오래된 불만과 분노가 폭발한 것이다. 이 사건이 1976년의 톈안먼 항쟁이다.

그런데 1976년 9월 9일에는 마오쩌둥이 사망했다. 마오쩌둥의 권위에 의존했던 4인방은 새 주석 화궈펑과 인민해방군의 원로들에 의해 제거됐다. 그들이 초래한 불안정을 중국 관료 모두가 우려했기 때문이다. 이를 통해 덩샤오핑이 주도권을 잡고 중국이 세계시장으로 다가가는 길을 열었다.

그러나 4인방을 비롯한 친마오쩌둥 세력이 친노동자적이거나 반제국주의적이었던 것은 결코 아니다. 친마오쩌둥 세력은 문화혁명 중에 노동자들의 주요 요구(임금 차별과 상여금 폐지, 평등한 분배 제도, 임시직·계약직 제도 폐지, 국가에 의한 할당이 아닌 노동자의 공장·기업 선택의 자유, 당의 노동조합 통제 폐지)를 모두 묵살했다. 또, 1969년 중소 국경에서 소련과 군사적 충돌이 벌어지자 핑퐁외교를 거쳐 미국 대통령 닉슨의 중국 방문

그림 4-4. 1972년 미국 대통령 리처드 닉슨을 맞이하는 마오쩌둥.

을 성사시킨 것도 마오쩌둥과 저우언라이 그리고 4인방이었다. 그들은 나중에는 미국과 수교했고, 1971년에는 유엔에 가입했다. 유엔은 국제연맹의 후신으로, 레닌과 코민테른은 국제연맹을 "제국주의 강도들의 연맹"이라고 불렀는데 말이다.

미오쩌둥이 잃어버린 실권을 되찾기 위해 불러일으킨 환상에 고무돼 중국 노동계급이 상당 부분 동원됐지만, 성무련 사례에서 보듯이 중국 사회의 성격과 마오쩌둥주의에 대한 정치적 착각으로 인해 대안적 세력이 되지 못했다. 특히, 1952년 트로츠키주의자들이 탄압으로 제거되고, 1956~1957년에는 마오쩌둥에 대항할 다른 세력들도 모두 탄압을 당한 뒤라, 문화혁명이 시작될 시기에는 독립적 좌파가 존재하지 않았다.

1989년 톈안먼 항쟁 때도 비슷한 양상이 재현됐다. 중국 사회의 본질을 제대로 인식할 수 있는 정치적 명료함과 이에 기반한 진정한 마르크스주의 조직의 건설이 무엇보다 중요하다는 점을 알 수 있다.

5장

덩샤오핑과 개혁·개방

이 장에서는 덩샤오핑이 추진한 개혁·개방을 살펴보려 한다. 덩샤오핑은 마오쩌둥과 함께 중국 현대사의 가장 유명한 인물이다. 흔히들 덩샤오핑의 개혁·개방 덕분에 오늘날 중국이 경제 대국이 됐다고 주장한다. 그러나 이런 주장은 반쪽 진실이다. 왜 그런지, 덩샤오핑 개혁·개방의 효과가 진짜로 무엇이었는지 지금부터 살펴보겠다.

4장에서 살펴봤듯이 1976년 마오쩌둥이 죽자 마오쩌둥의 권위에 의존해 권력을 장악했던 4인방이 몰락했다. 마오쩌둥에 이어 화궈펑이 당 주석이 됐다. 화궈펑은 4인방을 체포해 재판에 회부하고, 문화혁명 때 고초를 겪은 관료들을 복권시켰다.

그러나 화궈펑은 마오쩌둥의 문화혁명과 완전히 단절할 생각은 없었다. 그는 "마오쩌둥의 결정과 지시는 모두 옳다"고 말했다. 그렇지만 중국 지배 관료 내 개혁파는 이와 생각이 달랐다. 그들은 문화혁명으로 파탄 난 경제를 수습하고 개혁·개방을 하고자 했는데, 만약 마오쩌둥이 모두 옳다면 문화혁명을 비판할 수도 경제 전략을 전환할 수도 없었다.

그러므로 마오쩌둥을 변호하는 화궈펑과 개혁파의 갈등은 피할 수 없었다. 두 분파는 진리 검증의 기준을 둘러싸고 이른바 '진리표준논쟁'을 벌였다. 중세 그리스도교의 스콜라주의 논쟁을 연상케 하는 그 논쟁의 본질은 사실 중국이 나아갈 방향을 둘러싼 갈등이었다.

앞서 밝혔듯이, 마오쩌둥은 강력한 신중국 건설을 목표로 삼았다. 그러나 성공하지 못했다. 농촌의 빈곤은 사라지지 않았고, 제조업과 과학·기술 발전도 정체했다. 1970년대 신흥공업국 4인방, 즉 한국·대만·홍콩·싱가포르는 눈부신 경제성장을 하고 있었는데 말이다. 그래서 중국 지배 관료는 마오쩌둥의 방식 탓에 중국이 뒤처졌다고 봤다.

당시 뒤처졌다는 낙오감을 느낀 것은 중국 지배계급만은 아니었다. 헝가리, 유고슬라비아, 체코슬로바키아 등 동유럽 국가 지배계급도 그렇게 느꼈다. 그들은 서방의 시장 자본주의가 세계화와 무역자유화를 통해 빠르게 성장하는 것을 보면서, 경제 구조의 제한적 개혁과 부분적 시장 개방으로 경제성장을 이루려 했다. "시장 지향적 국가자본주의"로 전환하려 한 것이다.

중국에서는 바로 덩샤오핑이 이런 개혁과 개방을 추진한 것이다. 그러나 이 과정은 흔히 생각하는 것처럼 성공을 향한 탄탄

그림 5-1. 1979년 미국 백악관을 방문한 덩샤오핑.

대로가 아니었다. 다양한 모순과 갈등이 빚어졌다.

개혁·개방을 향해

중국이 개혁·개방으로 방향을 튼 시점은 1978년 12월 중국 공산당 제11기 3중전회다.* 그 회의에서 농가생산책임제 도입, 국

---

* 3중전회 공산당 중앙위원회 전체 회의(줄여서 중전회)의 하나로 주로 경제정책을 다룬다.

영기업 개혁, 경제특구 건설, 자본주의 국가와의 기술 교류 등이 결정됐다. 이런 개혁 조처들이 어떤 내용인지 살펴보자.

중국의 경제개혁은 농촌에서 시작됐다. 마오쩌둥 시기에 농촌 생활은 인민공사라는 기관을 통해 조직됐다. 인민공사 아래에는 생산대대와 생산대가 있었고, 대략 5000 가구가 속해 있었다. 인민공사는 농산물의 공동 생산과 분배, 공산품의 공동 구매와 소비, 기타 공산품의 배급 등을 결정했다. 이 체계는 농민을 기아에서 구원해 주긴 했지만 빈곤에서 해방하지는 못했다.

그런데 일부 농민들은 비밀리에 공동 토지를 자기들끼리 나눠서 경작하고는, 정해진 곡물량을 인민공사에 납부하고 남는 농산물을 챙겼다. 중국 당국은 점차 이런 방식을 인정하게 됐다. 기존 인민공사 체제보다 더 많은 목표 생산량을 달성했기 때문이다. 그것이 바로 농가생산책임제다.

기존 인민공사 체제는 농민을 공동 경작지에 나와 일하게 하고, 노동점수에 따라 필수품을 배급하는 방식이었다. 반면, 농가생산책임제는 농민들에게 경작지를 나눠 주고 정해진 할당량이나 세금을 납부하면 나머지는 농민들이 갖게 하는 제도다.

둘 사이에는 큰 차이가 있었다. 새로운 농가생산책임제 아래에서 농민은 할당받은 토지에서 어떤 곡물을 어떻게 생산할지 결정할 수 있고 그 결실을 온전히 가질 수 있었다. 1982년 무렵에는 중국 전역에서 인민공사 체제가 해체되고 농가생산책임제가 도입됐다.

농촌에서 나타난 또 다른 변화는 향진기업의 등장이다. 향진기업의 '향'과 '진'은 농촌의 말단 행정단위다. 향과 진에 등장한 민간기업이 바로 향진기업이다. 향진기업의 전신은 인민공사 체제 아래 있던 농촌의 국영기업 또는 집체기업이었다.* 향진기업은 중국의 개혁·개방 초기인 1980년대에 농촌의 부족한 공산품을 조달하면서 우후죽순처럼 성장했다. 각종 농기구 생산에서 시작해 농산물 가공·포장 기업으로 발전했다. 나중에는 도시와 해외의 시장을 겨냥한 공산품 생산으로 사업을 확장했다. 여기서 한 가지 눈여겨봐야 할 점은 향진기업이 지방정부 관료와의 긴밀한 유착과 비호 속에서 발전했다는 것이다.

도시에서는 국영기업 개혁이 진행됐다. 도시의 국영기업은 단위單位 체제로 조직돼 있었다. 이 체제는 하나의 소우주와도 같았다. 노동자들은 이 단위 체제 아래에서 평생 일하고 생활하고 복지를 제공받았다. 이 단위 체제는 이익이 생기면 국가에 반납하고 손실이 나면 국가가 지원해 주는 제도에 근거하고 있었다. 바로 이런 제도가 비효율을 낳는다고 보고 이를 해결하려는 것

---

* 집체기업 일부 집단이나 지방정부가 소유하는 기업.

그림 5-2. 오늘날 다국적기업으로 성장한 훙더우그룹의 전신은 목화솜이나 빗자루를 주로 만들던 향진기업이다.

이 국영기업 개혁이었다.

그래서 덩샤오핑은 1979년에 이윤유보제를 시행했다. 이는 단위 체제에서 생긴 이윤의 일부를 각 단위에 머무르게 해 경영진과 노동자에게 상여금을 주는 제도였다. 1983년에는 일부 기업들에 이개세제도利改稅制度를 실시했다. 세금을 납부하고 남은 이윤의 일부를 기업들에 귀속시키는 제도였다. 이 제도들은 이윤에 대한 인센티브를 경영자에게 제공하지만 손실에 대한 책임을 묻지는 않았다. 그러나 정부는 1987년에 청부경영책임제를 시행하면서 손실이 나면 경영자가 책임을 지게 했다. 청부경영책임제는 경영자가 정부와 계약을 맺고 국영기업을 마음대로 경영할 수 있도록 해 주는 제도다.

국영기업 개혁의 절정에 해당하는 것은 1994년 국무원이 확정한 조대방소抓大放小 정책이다. 큰 것은 잡고 작은 것은 놔준다는 뜻이다. 큰 국영기업은 국가가 통제와 관리를 하고, 작은 국영기업은 민간에 매각해 사기업화한 것이다. 이 정책으로 6000만 명이 넘는 노동자들이 해고됐다. 한편, 국유기업으로 분류된 에너지·철강·석유·통신망 등 기간산업은 국가의 지원을 받아 세계적 기업으로 성장했다.

경제개혁이 낳은 모순과 정치적 갈등

중국의 개혁·개방을 살펴볼 때 놓치지 말아야 할 특징 하나는 바로 쌍궤제雙軌制다. 쌍궤제란 국가가 관리하고 통제하는 국영 부문과, 시장을 허용하는 민간 부문으로 경제를 나눠서 운영한다는 것이다.

1978년 개혁·개방 이전의 중국 경제는 거의 100퍼센트가 국영기업 또는 집체기업이었다. 그러나 1980년대에 앞서 말한 향진기업이 생겨나고, 1990년대 이후 민간기업들이 점점 늘어났다. 지금은 중국 경제의 3분의 1을 민간 부문이 차지하고 있지만 1980년대에만 해도 그 비중은 매우 작았다. 외자 기업도 1980년대에는 광둥성과 푸젠성의 경제특구에 한정돼 있었다.

그런데 쌍궤제에는 모순이 있었다. 국영 부문에서는 국가가 관리하는 가격으로 생산물이 거래됐지만, 민간 부문에서는 시장가격으로 거래됐다. 그런데 전반적으로 물자가 부족했기 때문에 시장가격은 대개 관리가격보다 높았다. 그렇다 보니 경영자들은 국가와 계약하는 생산물의 생산량을 줄이고 시장에서 판매할 생산물의 양을 늘려, 이익을 극대화하는 전략을 추구했다. 그 결과 민간 부문 경제가 급속히 성장했다.

중국 지배 관료는 시장을 도입한 중국 사회를 "사회주의 시장

경제" 또는 "중국 특색의 사회주의"라고 부르면서 국영 부문이 주主고 시장은 종從이라고 주장했다. 그렇지만 이런 주장과 달리 국가 계획이나 국영 부문은 시장을 통제하지 못했다. 오히려 중국 경제 전체가 세계 자본주의 체제가 가하는 압력에 따라 움직였다. 물론 3장에서 다뤘듯이 국영 부문도 진정한 사회주의와는 아무 관계가 없지만 말이다.

어쨌든 개혁 조처 덕분에 경제 상황이 마오쩌둥 시절보다 나아진 것은 사실이다. 농산물 생산이 증대해 농촌에서 빈곤과 아사의 두려움은 사라졌다. 그리고 농촌의 만성적 과잉인구가 향진기업에 고용되면서 농촌의 소득수준이 높아졌다. 변화는 도시에서도 나타났다. 도시 국영기업의 경영자들은 각종 인센티브를 통해 얻은 이윤을 재투자함으로써 부를 축적할 수 있었고, 민간기업도 급속하게 성장했다.

그러나 이런 변화는 개혁의 폭과 속도를 둘러싼 지배계급 내의 갈등을 불렀다. 민간 부문 경제가 급성장하자 덩샤오핑의 정적인 보수파 관료들은 중앙 국가가 경제에 대한 통제력을 잃고 있다고 우려했다. 그러면서 국영기업 중심으로 경제를 운영하고 시장을 그 아래 둬야 한다고 주장했다. 반면 덩사오핑 지지 관료인 개혁파는 세계 자본주의 속에서 국제경쟁력을 갖추려면 시장을 더 확대해야 한다고 주장했다.

개혁·개방 정책이 초래한 경제의 부작용이 드러나면서 관료들 사이의 긴장은 더 높아졌다. 민간기업이 대폭 증가하면서 당국은 원자재와 생산물의 수요와 공급을 가늠하기가 더 힘들어졌다. 한편으로는 과잉이, 다른 한편으로는 부족이 나타났다. 어느 해에는 경기 호황이 그다음 해에는 불황이 번갈아 발생하기도 했다. 보수파는 이런 경제적 혼란을 우려했다.

그리고 민간 부문의 확대가 물자 부족을 해소하는 데는 도움이 됐어도 물가 상승을 일으켰다. 물가 상승은 도시 노동자들의 실질임금을 낮추는 효과를 냈다. 그것도 배급이 줄어든 상황에서 말이다. 당국은 생계비 위기로 노동자들의 불만이 폭발하지 않도록 인플레를 억제해야 했지만, 구조적 요인에서 비롯한 것이어서 쉽지 않았다.

경기과열과 불황의 빈번한 교차와 인플레이션은 도시의 노동자와 청년·학생의 생활수준을 하락시키고 불안정하게 만들었다. 국가 관료들은 민간기업을 만들거나 그것과 유착하면서 온갖 부정부패로 부를 쌓고 있었는데 말이다. 시장 개혁으로 절대 빈곤층 규모가 줄어들긴 했지만 빈부 격차는 오히려 더 벌어졌다.

이처럼 개혁·개방 과정에서 쌓인 불만은 지배계급 내의 균열을 비집고 1980년대 후반 일련의 저항과 1989년 톈안먼 항쟁으로 폭발했다.

아래로부터의 저항

사실 덩샤오핑은 경제개혁 초기에는 상당한 지지를 받았다. 개혁파는 마오쩌둥 시절 고통을 겪은 사람들이어서 변화에 대한 대중적 기대를 크게 불러일으켰다. 덩샤오핑은 도시 지식인들의 지지를 얻고자 문화 영역에서 자유화를 어느 정도 허용하기도 했다.

그러나 이것은 진정한 민주주의도, 자유의 확대도 아니었다. 1978~1980년 아래로부터의 저항인 민주의 벽 운동이 일어나고, 덩샤오핑이 허용하는 선을 넘어 민주주의의 확대를 요구하자 덩샤오핑은 탄압의 칼날을 휘둘렀다.

보수파와 개혁파는 경제정책에서는 이견을 보였지만 노동자를 착취하고 청년·학생을 억압하는 데서는 한편이었다. 덩샤오핑은 '지하' 잡지가 발간되고 자유연애를 칭송하는 소설이 출판되자('베이징의 봄') "부르주아적 자유화"라고 비난했다. 이를 억누르고자 기꺼이 '마오쩌둥주의'도 꺼내 들었다. 당시 〈런민르바오人民日報〉의 부편집장 왕뤄수이는 사회주의 사회에서도 소외 문제가 있다며 마르크스주의의 출발점으로 휴머니즘을 강조했다. 그러자 덩샤오핑은 휴머니즘과 소외론이 부르주아 자유화의 한 종류라고 비난하며 '정신 오염 제거' 운동을 펼쳤다.

그림 5-3. 1978~1980년 베이징에서 일어난 민주의 벽 운동.

그러나 저항을 제압하려고 사회적 통제를 강화하는 이전 방식으로 되돌아가는 것은 경제개혁을 위축시킬 우려가 있었다.

이런 모순 때문에 1980년대 중국 지배계급 내에는 경제와 정치 영역 모두에서 급진적 개혁을 지지하는 관료도 있었다. 당시 중국공산당 총서기 후야오방은 민주화 운동에 우호적이었고, 덩샤오핑과 원로들의 퇴진을 공공연히 주장했다. 후야오방은 공산당 외부 민주 인사들의 지지를 받았고, '베이징의 봄' 운동과 1985~1986년의 학생운동을 지지했다. 이 때문에 1987년에 정치 일선에서 물러날 수밖에 없었다. 1989년 4월 15일 그의 사망을 계기로 민주화를 바라던 학생들이 저항에 나서면서 톈안먼 항쟁이 시작된 것은 우연이 아니었다.

덩샤오핑은 1978년 개혁을 시작해 경제구조를 바꾸고 마오쩌둥이 전횡하던 정치 관행을 없애려 했다. 그렇지만 그것은 강력한 중국을 건설하기 위해서였지 마오쩌둥 시절 착취받고 억압받은 노동자와 농민 그리고 청년·학생의 해방을 위해서가 결코 아니었다. 덩샤오핑은 개혁·개방이 공산당의 통제에서 벗어나지 않도록 그 폭을 제한했다. 노동자와 농민에 대한 착취 강화를 지지했고, 이들에게 반란의 기운을 제공하지 못하도록 청년·학생을 단속했다.

덩샤오핑은 1989년 톈안먼 항쟁을 진압하고 나서 오히려 더 급속히 경제구조 개혁을 추진했다. 톈안먼 항쟁 진압을 통해 한편으로 양상쿤과 리펑 등 보수파를 제압할 수 있었고, 다른 한편으로 노동자 저항의 예봉을 미리 꺾어 놓았기 때문이다.

덩샤오핑의 개혁·개방 정책으로 중국이 세계 2위의 경제 대국이 됐다는 평가가 흔하지만, 그 성장은 불평등 증대와 숱한 탄압과 톈안먼 대량 학살 위에서, 그리고 무엇보다 세계 자본주의 환경이 중국에 우호적이었던 상황에서 가능했던 것임을 직시해야 한다.

6장

톈안먼 항쟁과 그 유산

1989년 톈안먼 항쟁 이후 매년 6월 4일 즈음이면 톈안먼 광장이 폐쇄되곤 한다. 중국 지배자들에게 톈안먼 광장은 마오쩌둥이 중화인민공화국을 선포한 신성한 장소가 아니라 반란의 장소가 됐다.

중국 지배자들이 그토록 두려워하는 톈안먼 항쟁의 직접적 원인은 당시 공산당 중앙군사위원회 주석 덩샤오핑을 포함한 8원로의 권위주의 통치에 대한 대중적 반감이었다.

그러나 톈안먼 항쟁의 더 근본적인 원인은 1980년대 개혁·개방이 초래한 모순들이라고 할 수 있다. 개혁·개방 과정에서 국가와 당의 관료들은 엄청난 부를 축적했다. 특히, 저렴한 관리가격으로 재화를 확보해 비싼 시상가격으로 내다파는 불법 전매 행위(관다오官倒)를 통해 축재를 했다. 그렇지만 일반 인민은 치솟는 인플레 때문에 생활수준이 하락했다. 1988년에 정부가 물가통제를 한다며 긴축정책을 실시하자 인민 대중의 생활수준은 더 악화됐다. 이런 인플레와 대규모 부패 때문에 1980년대 후반

쯤엔 경제개혁이 대중에게 인기가 없었다.

톈안먼 항쟁을 촉발하게 되는 중국 학생들의 처지도 일반 인민과 별반 다를 게 없었다. 1985년부터 추진된 대학 개혁으로 직업할당 제도 대신에 쌍향선택雙向選擇 제도가 도입됐다. 쌍향선택 제도란 대졸자 노동력 시장에 경쟁과 수요공급의 법칙을 도입하는 것이었다. 그런데 1988~1989년에는 경제가 침체돼 노동시장에서 일자리를 얻지 못한 대학생들이 많아졌다. 특히, 지방대생과 여학생이 피해가 컸다. 설상가상으로 성적보다는 '꽌시', 즉 인맥과 가족 배경이 취업에 더 크게 작용했다. 이런 상황 때문에 톈안먼 광장에서 단식 농성을 한 학생들 중에는 지방대생이 많았던 것이다.

항쟁은 어떻게 진행됐나?

1989년 4월 15일 후야오방의 죽음을 계기로 대학생들이 톈안먼 광장에 모여들었다. 그 규모가 3000명이 넘었다. 시위 학생들은 언론 자유 보장, 교육예산 증액, 인민 생활수준의 안정 등을 핵심적으로 요구했다.

그렇지만 정부는 학생들의 요구를 무시했다. 그러자 일부 학

그림 6-1. 항쟁 초기인 4월 21일 톈안먼 광장.

생들은 부유층 거주 지역의 입구인 신화먼 앞에서 연좌 농성을 벌였다. 그런데 밤이 되자 연좌 농성을 벌이던 학생들이 경찰에 폭행당하는 일이 벌어졌다. 학생들은 이에 격분해 동맹휴업을 하기로 했다. 4월 24일 베이징 대학생 자치연합회의 설립을 준비하는 조직이 구성됐고, 그다음 날에는 각 학교 대표자 회의가 열려 시위 계획을 세웠다.

그러자 4월 26일 자 중국 관영 〈런민르바오〉의 사설은 학생들의 집회를 "계획적 음모이고 동란"이라고 비난했다. 그리고 다음과 같이 주장했다. "근본적으로 중국공산당의 영도를 부정하고 사회주의 제도를 부정하는 엄중한 정치투쟁이다." 다음 날인 4월 27일, 정부의 이런 비난에 분노한 학생 10만 명이 톈안먼 광장에 집결했다. 이들은 '동란' 비난을 철회하고 자신들의 행동을 '애국민주운동'으로 인정하라고 요구했다. 일반 시민들은 학생들의 시위를 적극 지지했다.

잠시 소강 국면이던 항쟁은 일부 학생들의 단식 농성을 계기로 다시 고조되기 시작했다. 학생들은 소련공산당 서기장 고르바초프의 중국 방문을 앞두고 단식 농성에 들어가 이목을 끌었다. 5월 13일경 단식 농성에 참가한 학생은 3000여 명으로 늘어났다. 고르바초프가 방문한 5월 15일 톈안먼 광장에는 수십만 명이 운집했다. 이 때문에 중국 정부는 톈안먼 광장에서 하려던 고르바초프 환영 행사를 취소하고 다른 곳으로 옮겨 치러야 했다. 5월 17일에는 베이징 곳곳에서 모여든 노동자들을 포함해 시민 100만 명이 집회에 참가했다.

베이징뿐 아니라 다른 지역에서도 항의 투쟁이 벌어져 운동은 최고조를 향해 나아갔다. 상하이에서는 3만 명의 학생들이 도심지에서 철야 농성을 했고, 난징에서는 10만 명이 거리 행진을 했다. 5월 18일에는 구이양에서 10만 명이 시위를 벌였고, 네이멍구자치구의 성도 후허하오터에서도 1만 5000여 명이 거리 행진을 했다. 윈난성 성도 쿤밍, 쓰촨성의 주요 도시, 티베트의

그림 6-2. 5월 18일 시위에 참가한 노동자들. 가운데 팻말에는 "덩샤오핑은 퇴진하라! 학생은 수업을 거부하고 노동자는 파업하자"고 적혀 있다.

라싸, 안후이성의 성도 허페이 등 전국의 주요 도시들에서 농성과 거리 시위가 벌어졌다.

이때쯤에는 학생들이 시작한 시위에 노동자들의 참여가 돋보였다. 5월 17일과 18일 베이징 기중기 공장 노동자 1000여 명이 "학생이 굶으니 형님은 마음이 아프다"고 쓴 배너를 들고 참가했다. 심지어 국가가 통제하는 노조인 중화전국총공회조차 학생 시위를 지지한다고 표명했다. 노동자들의 이익을 대변하기보다는 생산을 위해 더 많이 일하도록 독려하는 친정부 조직인데도 말이다.

시위에 대한 지지가 확대되자 지배 관료들은 항쟁의 요구를 수용할지 아니면 거부하고 톈안먼 광장에서 농성 중인 학생들을 강제 해산할지를 결정해야 했다. 5월 17일 밤 그들은 계엄령을 발동하기로 결정하고 계엄령 선포 시기를 5월 20일로 정했다. 그러자 베이징노동자자치연합회(공자련)는 즉시 긴급회의를 소집해 '노동자 결사대'를 조직하고, 기자회견을 열어 '수도 노동자 선언'을 발표했다. 정부가 24시간 내에 단식 농성 학생들의 요구 사항을 무조건 수용하지 않으면 계엄령 발효와 동시에 베이징 노동자 전체가 24시간 파업에 나서겠다고 했다.

예정대로 5월 20일 계엄령이 선포돼 계엄군이 베이징에 들어오려 했다. 그렇지만 베이징 시민들과 학생들은 바리케이드를 쌓으며 저항했다. 많은 노동자들이 일터를 박차고 나와 이에 참여했다. 계엄군은 톈안먼 광장에 접근할 수 없었다. 바리케이드를 앞에 두고 학생들과 노동자들이 사병들을 설득해 동요하게 만들었기 때문이다. 5월 23일 결국 계엄군은 베이징 교외로 철수했다. 그러자 더 많은 학생들이 단식 농성에 합류했다. 5월 25일에는 톈안먼 광장에 100만 명의 군중이 모였다. 특히, 베이징 외 지역에서 온 학생들이 많았다. 5월 16일부터 26일 사이에 17만 2000여 명의 지방 학생들이 기차를 타고 베이징에 모여들었다.

그러나 베이징 진입을 시도하다가 물러났던 계엄군이 5월 말

그림 6–3. 6월 4일 새벽 계엄군 탱크의 진입을 저지하는 시위대.

부터 다시 시내로 진입했다. 6월 2일과 3일 시위대와 계엄군 사이에 크고 작은 충돌이 여기저기서 벌어졌다. 대학생 자치연합과 노동자 자치연합은 "무기를 들고 리펑 반혁명 정부를 무너뜨리자"고 호소했다. 6월 3일 당시 총리 리펑은 다음과 같이 말했다. "어젯밤부터 수도 베이징에서는 사실상 반혁명 폭란이 발생했다. 오늘 밤 우리는 단호한 조치를 취해 반혁명 폭란을 진정시켜야 한다."

결국 6월 4일 아침 계엄군의 유혈 진압이 시작됐다. 6월 4일 대학생 자치연합은 다음과 같이 촉구했다. "전국 인민은 파시스트식 잔혹한 도살을 참을 수 없다. 그동안 흘린 피를 헛되게 할 수 없고 투쟁을 멈출 수 없다. 각 도시의 시민은 파업과 동맹휴업에 즉시 돌입해 달라." 진압 당일인 6월 4일 63개 도시에서 크고 작은 시위가 벌어졌다. 5일부터 10일까지도 181개 도시에서 무력 진압에 항의하는 시위가 벌어졌다. 그러나 6월 9일 덩샤오핑은 진압 부대를 방문해 치하하면서 "반혁명 폭란"을 진압했다고 선언했다.

항쟁은 어떤 영향을 미쳤나?

정부의 폭력 진압으로 많은 사상자가 나왔다. 당시 칭화대학교 학생자치회는 사망자가 4000명이라고 발표했다. 최근 연구와 증언에서는 사망자만 1만 명이 넘는다는 추산도 나오고 있다. 사상자 외에도 항쟁을 지지한 수많은 사람이 고초를 겪었다. 적어도 400만 명의 당원이 조사를 받았다. 수많은 사람이 체포됐고 단순 집회 참가자조차 반성문을 쓰고 진압을 지지한다는 입장을 밝혀야 했다.

중국 지배자들은 톈안먼 항쟁 진압에 성공함으로써 1990년대에 시장 지향적 개혁을 강력하게 추진할 수 있었다. 중국이 동유럽이나 소련과 달리 지금까지 국가자본주의가 강력한 주된 요인은 톈안먼 항쟁을 분쇄한 것이다.

그럼에도 톈안먼 항쟁은 중국 지배자들에게 매우 위협적이었다. 이 사실은 항쟁 진압 후 중국 정부의 다음과 같은 공식 발표를 보면 알 수 있다. "이번 동란의 특징은 단지 대학이나 베이징 지역에 국한되지 않고, 사회 전체 전국 각지로 확산됐다는 점이다. … 일부 사람들이 중학교, 공장, 상점, 농촌으로 들어가 서로 교류하고 거리에서 연설하고 전단을 뿌리고 표어를 붙이고 모금을 벌이면서 사태를 확대했다."

톈안먼 항쟁은 학생들의 시위로 시작됐지만 노동자들을 포함한 많은 사회집단을 참여시키고 각성시켰다. 학생들의 투쟁은 노동자들을 자극했다. 노동자들은 시위와 바리케이트 저항에 참여했고, 그 과정에서 노동자 조직을 결성했다. 노동자 자치연합, 즉 공자련의 중심 인물인 한둥팡은 경찰의 학생 폭행을 보고 격분해 노동자 조직을 만들기로 마음먹었다고 말했다. 공자련은 톈안먼 항쟁의 중심 세력 중 하나였다. 특히, 항쟁이 전국으로 확산되면서 베이징 공자련과 비슷한 조직이 상하이, 항저우, 시안, 톈진, 광둥 등지에서도 생겨났다. 처음으로 국가와 경영자로부터 독립적인 노동단체들이 여러 도시에서 결성된 것이다. 항쟁이 패배하면서 공자련은 사라졌지만, 2010년 이후부터

그림 6-4. 항쟁 당시 노동자들이 결성한 오토바이 부대. '비호대'라고 불리며 각지로 확산됐다.

는 농민공(농촌에서 도시로 이주한 노동자)들의 투쟁에 힘입어 독립 노조들이 되살아나고 있다.

정치적 의미

톈안먼 항쟁에 대해 두 가지 평가를 가장 흔하게 들을 수 있다. 하나는 톈안먼 항쟁이 권위주의적 중국 국가를 비판하고 서구의 자본주의적 민주주의 체제를 대안으로 삼은 투쟁이었다는 것이다. 당시 학생 지도부의 일원이었던 왕단과 노벨평화상을 받은 류샤오보 등이 그렇게 주장한다.

이 항쟁이 민주적 권리들을 요구한 것은 맞지만 서방의 자본주의적 민주주의를 대안으로 삼았다는 주장은 참말이 아니다. 항쟁 지도자 일부가 서구 자유민주주의에 환상을 품었다는 것은 참말이지만, 다른 사람들은 그러지 않았다. 대부분은 항쟁의 목표와 지향에 대해 모호했다. 그리고 민주적 권리들과 자유민주주의 체제를 동일시해서는 안 된다. 또한 항쟁 참가자들은 생활수준의 안정도 요구했다. 이런 요구는 사회경제적 요구로, 자유민주주의의 일부로 간주될 수 없다.

또 다른 평가는 항쟁이 개혁파의 시장화 정책에 대한 반대였다는 것이다. 특히 중국 신좌파가 이렇게 평가한다. 당시 학생들과 노동자들이 개혁개방이 초래한 모순들에 반대해 거리로 나선 것은 맞다. 그러나 이는 착취와 권위주의적 억압을 하는 관료의 지배에 도전하는 것이기도 했다. 지배계급의 다른 분파가 대중의 요구에 응답하리라는 기대는 현실적이지 못하다. 당시 심각한 위기 속에서 변화를 세공할 수도 양보를 할 수도 없던 지배계급은 진퇴양난 속에서 피의 학살을 택한 것이다.

그러나 중국 신좌파의 평가는 중국 체제와 공산당에 대한 근본적 비판으로 나아가지 않았다. 중국 신좌파 대부분은 2000년대에 국민국가 간 경쟁에서 자국 편을 들었고, 마침내 국유기업을 우선시하는 정책을 시행한다 해서 중국공산당을 지지하는 입장으로 돌아섰다.

중국 정부는 여전히 톈안먼 항쟁이 "외부 세력에 의해 조직된 것"이었다고 비난하고, 당시 학생 시위를 '동란'이라고 규정한 것도 조금도 바뀌지 않았다. 그러나 톈안먼 항쟁은 민주주의를 염원한 학생들과 이에 고무된 노동자들의 대체로 자발적인 저항이었다. 노동자와 학생은 지배 관료들의 부패와 불평등에 반대하며 민주적 권리와 생활수준의 안정을 요구했고, 지배계급을 위협하는 거대한 힘을 보여 줬다.

톈안먼 항쟁은 위대했지만, 약점과 한계도 있었다. 계엄령에 맞서 5월 22일 총파업을 하자는 공자련의 제안을 학생 지도부가 거부한 것이 그런 사례다. 만약 총파업이 철회되지 않고 실행됐다면, 그래서 노동계급 고유의 경제적 힘이 발휘됐다면, 항쟁은 한 단계 더 발전할 수 있었을 것이다. 그러지 못했기 때문에 바리케이드 저항에 밀려 일시 후퇴했던 정부가 다시금 공세에 나선 것이다.

그럼에도 톈안먼 항쟁에서 학생들이 보여 준 투쟁의 역동성과 노동자 대중이 살짝 보여 준 집단적 힘은 중국에서 진정한 변혁이 가능하다는 것을 보여 줬다.

공자련은 강령에 해당하는 임시장정에서 민주주의 요구와 더

그림 6-5. 5월 28일 시위 참가자들에게 연설하는 학생운동 지도자.

불어 국유기업에 대한 통제권과 일터 민주주의 같은 사회주의적 지향을 보여 줬다. 노동자와 학생이 장악한 베이징 거리는 당시 중국에서는 상상하기 힘들 정도로 자유롭고 평등하고 차별이 없는 공간이었다.

중국 지배자들은 1989년 노동자와 학생의 반란을 성공적으로 진압할 수 있었지만, 언제 다시 그런 저항이 벌어질지 우려하지 않을 수 없다. 톈안먼 항쟁을 발생시킨 원인들을 무지막지한 폭력을 사용해 눌러놓은 데 불과했기 때문이다. 그래서 우루무치나 라싸에서 소수민족의 반란이 벌어질 때, 농민공들이 파업을 벌일 때, 토지를 빼앗긴 농민들이 저항할 때마다 지배 관료는 톈안먼 항쟁의 유령이 나타날까 봐 두려워하는 것이다.

지금 중국의 현실을 보면 제2의 톈안먼 항쟁이 벌어질 충분한 조건이 갖춰져 있다. 이런 가능성이 현실이 되도록 또 그 투쟁이 승리할 수 있도록 지지와 연대를 보내야 한다.

7장

중국의 급성장과 미국 패권 위협

최근 중국은 국제사회에 자신의 존재감을 뚜렷하게 각인시키고 있다. 2023년 3월 10일 중국의 관여로 사우디아라비아와 이란이 관계 개선에 합의했다. 중동에서 중국의 영향력이 커졌음을 단적으로 보여 준 사건이다. 4월에는 프랑스 대통령 마크롱이 중국을 방문해 협력을 강화하기로 했다. 2022년 6월 미국과 유럽 동맹국들이 나토의 전략 개념에 중국을 '체계적 도전' 세력으로 명시했는데도 말이다.

지금 중국은 경제 규모와 군사력 면에서 미국에 이은 2위의 강대국이다. 이미 미국과 더불어 글로벌 슈퍼 파워다. 여전히 미국과 격차가 크지만 말이다.

현재 중요한 쟁점은 점점 치열해지는 미국과 중국의 대립과 갈등이 어떻게 전개될지, 시진핑이 천명한 것처럼 신중국 등장 100주년인 2049년에 중국이 미국을 압도하는 세계적 패권 국가가 될지일 것이다.

2008년 미국발 금융 위기 이후 중국이 2025년 즈음에 미국을 앞지를 것이라는 예상이 많았다. 일단 이런 예상은 빗나간 것 같다. 게다가 2020년 코로나 팬데믹이 중국에서 시작되고 제로 코로나 봉쇄가 이뤄지자 중국은 붕괴 일보 직전 상태가 된 듯했다.

그렇지만 중국은 현재 회복세를 보이고 있을 뿐 아니라 미국의 세계적 패권에 중대한 도전을 하며 존재감을 과시하는 형국이다. 이 장에서는 중국의 성장과 영향력 확대가 계속될지 여부와 그것이 전 세계에 미칠 영향 등의 문제들을 살펴보겠다.

중국이 미국을 앞지를 것인가?

1978년 개혁·개방 이후 중국 경제는 40년 이상 연평균 9퍼센트가 넘는 고성장을 기록했다. 중국은 자본주의의 세계화 추세 속에서 큰 이득을 얻었다. 중국 경제가 비약적으로 성장하자 대외적 영향력도 커졌다. 중국은 2000년대 들어 군사력 증강에도 본격 나섰다.

중국 지배 관료는 그들 나름의 지정학적 목표들을 추구한다. 예컨대, 미국을 인도-태평양 지역에서 밀어내려고 한다. 이 지역 바닷길의 안전은 대외 의존도가 높은 중국 경제에 사활적으

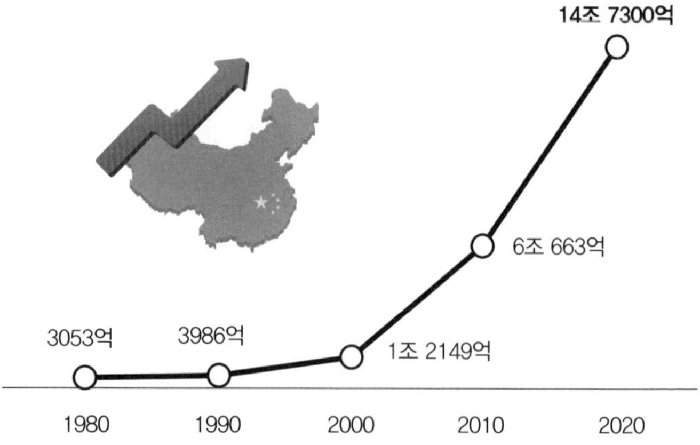

그림 7-1. 중국의 국내총생산(단위: 달러).

로 중요하기 때문이다. 중국 관료들은 또한 중국 경제를 값싼 노동력에 의존하는 경제에서 첨단산업 경제로 변모시키려 애쓰고 있다.

중국의 이런 움직임들은 모두 미국의 이해관계에 중대한 도전을 제기하고 있다. 미국 지배자들은 이를 좌시하면 자국의 패권이 결정적으로 약화될 것이라고 본다. 미국의 국제정치학자 그레이엄 앨리슨은 《예정된 전쟁》이라는 책에서 기존의 패권 국가인 미국이 신흥 강국으로 부상한 중국에 위기감을 느껴 전쟁을 벌일 거라고 주장했다. 이처럼 중국의 도전과 미국의 대응이 맞물리자 미·중 전쟁 예상이 공공연히 나올 정도로 세계적 불안정이 커져 왔다.

미·중 갈등은 본질이 서로 다른 사회체제와 좌우 이데올로기를 각각 대표하는 국가 간 충돌이 아니다. 자본주의 강대국들 간의 제국주의적 충돌이다.

일부 좌파는 서방 강대국들이 낙후한 중국을 상대로 잉여가치를 뽑아내고 있다며 중국이 제국주의 국가가 아니라고 주장한다. 그러나 이런 주장은 지난 40년 동안 중국이 미국과 긴밀한 관계를 맺고 성장하면서 갈등이 심화돼 온 현실을 설명하지 못한다.

레닌을 비롯한 고전적 마르크스주의자들은 제국주의를 자본주의 강대국들의 국제적 경쟁 시스템으로 이해했다. 즉, 국가들이 경제적·지정학적 경쟁을 벌이는 자본주의 세계 체제가 바로 제국주의이고, 이 체제의 상층부에서 서로 패권을 다투는 자본주의 강대국들을 제국주의 국가라고 할 수 있다. 이런 점에서 중국은 제국주의 국가다. 비록 미국에 견줘 그 경제력과 군사력이 자국 인근에 집중돼 있지만, 중국은 미국과 마찬가지로 자국 자본주의의 이익 증대를 위해 제국주의 강대국으로 행동하고 있다. 경제력을 활용해 지정학적 영향력을 키우며 남중국해 등지에서 영토 확장을 꾀하는 식으로 말이다.

중국 앞에 놓인 난관

2008년 미국발 금융 위기, 이라크와 아프가니스탄 전쟁 실패 등으로 미국은 영향력과 위신에 잇달아 상처를 입었다. 그러자 중국 관료들은 미국의 쇠퇴를 전망하며 국제정치에서 중국이 더 주도적인 구실을 해야 한다고 주장했다. 그러나 미국은 비록 그 위세가 전보다 약해졌지만 여전히 세계 질서를 주도하는 최강대국이다. 중국의 도전에 맞서 여러 수단과 자원을 동원할 능력도 있다.

게다가 오늘날 미국이 겪는 여러 모순과 어려움 못지않게, 중국의 앞날에도 만만찮은 장애물들이 놓여 있다.

먼저 경제문제부터 살펴보자. 중국 경제는 그 성장세가 한창 때에 견줘 반토막이 났다. 중국 경제의 핵심 문제는 지난 40년 동안 성공한 방식으로는 고성장을 유지할 수 없다는 것이다.

중국이 "세계의 공장"이 된 것은 저렴한 노동력, 외국자본의 중국 투자, 넓은 해외시장 덕분이었다. 그러나 인구 증가가 정체하며 중국에서 저렴한 노동력 공급이 전만큼 순조롭지 않다. 반면, 베트남·태국·인도네시아 등지에서 더 값싼 노동력이 공급되고 있다. 이 때문에 저임금을 겨냥한 외국자본이 일부 동남아로 발길을 돌렸다. 중국 제품의 해외시장이 항상 넓지는 않다는 점

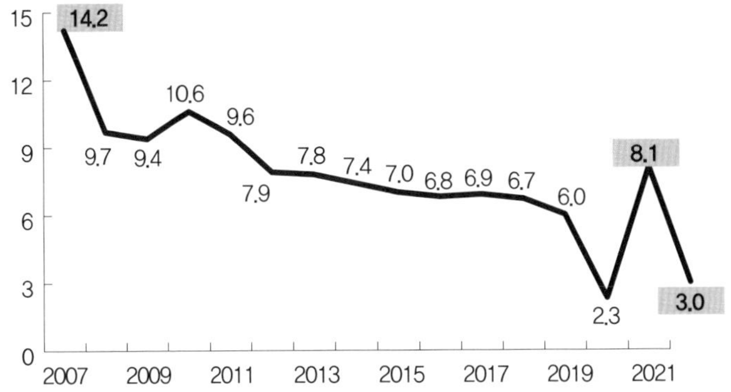

출처: 중국 국가통계국

그림 7-2. 반토막 난 경제성장률(단위: 퍼센트).

도 2008년 세계경제 위기로 드러났다. 중국 정부는 내수 시장을 확대해 이 모순을 해결하려 했지만 실패했다. 외국자본 유치를 위해 저임금을 유지했기 때문에 국내 소비 시장 규모가 크지 않았던 것이다.

산업 전반의 이윤율이 낮은 것이 무엇보다 근본적인 문제다. 그 결과 투자가 부동산 부문으로 집중됐다. 중국 부동산 거품이 심각한 수준임은 코로나 팬데믹 직전에 드러났다. 중국 부동산 업계의 1~2위 기업인 비구이위안과 헝다의 파산 위기가 이를 잘 보여 주고 있다.

중국 지배자들은 이런 문제에 두 가지 조처로 대응하고 있다.

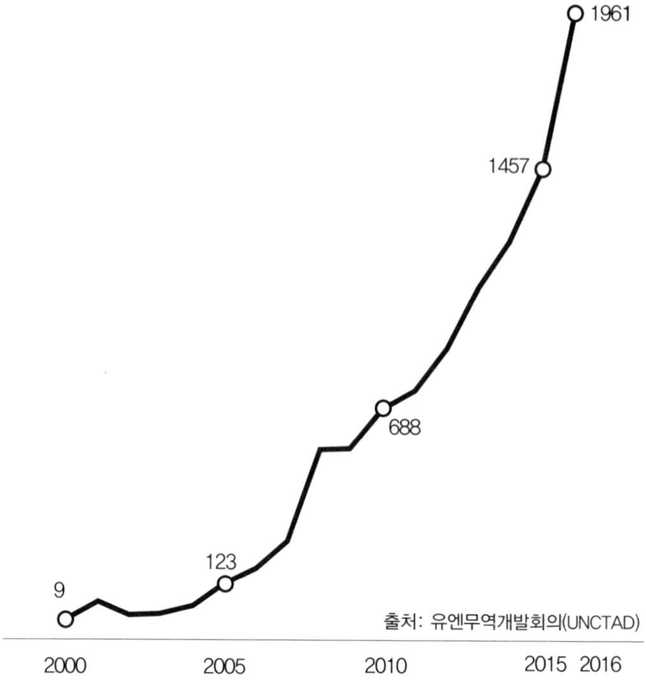

그림 7-3. 중국의 연도별 해외직접투자(단위: 1억 달러).

먼저, 국내 산업을 고부가가치의 첨단산업 중심으로 재편하려 한다. 바로 중국제조2025라는 계획이다. 또한 중국 자본의 해외 진출을 통해 활로를 모색하고 있다.

그러나 이 두 방안은 모두 미국의 심각한 견제를 받고 있다.

반도체 산업이 대표적 분야다. 반도체 산업에서 우위를 차지하는 것은 첨단 기술뿐 아니라 군사적 경쟁에서도 매우 중요하다. 권석준 성균관대 교수는 다음과 같은 지적을 한 적이 있다. "9세대 칩이 들어간 미사일과 차세대 칩이 들어간 미사일의 명중률이 100배 차이가 난다면, 반도체는 전략 미사일 분야에서 100배의 전략 승수 가치가 있다." 미국은 중국 반도체 산업의 성장을 억제하려고 시스템 반도체 장비의 중국 수출을 규제하고 있다. 네덜란드와 일본의 반도체 장비 기업들을 설득하고 압박해 중국 봉쇄에 동참시켰다.

중국 자본의 해외 진출에 대한 미국의 견제는 2015년 이래로 미·중 무역 전쟁이 치열해지면서 강화됐다. 트럼프가 서명한 2019년 국방수권법이 대표적 사례다. 그 내용은 외국 기업의 미국 기업 인수·합병을 국가 안보 차원에서 심사하겠다는 것이다. 화웨이에 대한 제재, 인플레이션감축법IRA, 반도체동맹 등을 추진할 때도 미국은 안보를 근거로 내세웠다.

미국의 방해에도 불구하고 중국 자본들은 국가의 지원을 받으며 해외 진출을 늘려 왔다. 중국은 특히 일대일로一帶一路를 추진하고 있는데, 이는 중앙아시아에서 아프리카와 유럽을 잇는 육·해상 신新실크로드 경제권을 형성하려는 중국의 국가 전략이다.

2000년 이래 중국은 22개 개도국에 총 312조 원 규모의 구제

그림 7-4. 일대일로 프로젝트.

금융을 제공했다. 그중 80퍼센트가 일대일로 프로젝트로 진행됐다. 미국과 국제통화기금IMF에게 돈을 빌리지 못하는 국가들에 중국은 '최후의 돈줄' 구실을 하고 있다. 중국은 2021년에만 405억 달러의 차관을 제공했는데, 이것은 국제통화기금이 지원한 액수(686억 달러)의 60퍼센트에 이른다. 그러나 이 돈이 미국과 국제통화기금과는 달리 빈국에 우호적 조건으로 제공되는 것은 아니다. 최근 스리랑카·파키스탄·잠비아 등지에서 중국의 차관이 지닌 약탈적 성격에 대한 반발이 거세게 일어났다. 중국이 고금리로 차관을 제공해 항만 등 사회 기간 시설들을 건설한 다음에 채무 상환 불이행을 이유로 그 시설들을 빼앗고 있기 때문이다.

최근 중국 정부는 '글로벌 안보 이니셔티브全球安全倡議' 라는 또 다른 계획도 추진하고 있다. 주권과 영토 존중, 내정 불간섭, 일방주의 배격 등을 내세우면서, 국가 협의체를 만들겠다고 한다. 중국 정부는 국가 간 갈등 해결 같은 명분을 내세우고 있다. 그러나 글로벌 안보 이니셔티브는 미국이 주도해 온 기존 국제 질서에 맞서 중국 주도의 새로운 질서인 '팍스 시니카'를 강화하려는 또 다른 제국주의 선언이라고 할 수 있다.

앞서 언급했듯이, 최근 중국은 사우디아라비아와 이란의 관계 개선을 중재하면서 중동에서 미국에 도전하는 만만찮은 행위자가 됐음을 과시했다. 중국은 이와 같은 국제적 영향력 강화를 계속 추진하려 하고 있다. 최근 사우디아라비아와 중국 간 원유 거래에서 위안화 결제 방식을 채택한 것도 중국의 영향력 강화를 보여 주는 사례다. 또한 브릭스 국가들, 곧 브라질·러시아·인도·중국·남아공은 달러화가 아닌 기축통화를 만들려 하는데, 위안화를 기축통화로 잠정 채택하려는 움직임도 있다. 이런 일들로 인해 당장 국제금융에서 달러의 지배력이 흔들리지는 않을 것이다. 그럼에도 간과할 수 없는 변화임은 분명하다.

미국 패권에 맞서 중국을 편들어야 할까?

미국은 중국을 견제하기 위해 반도체동맹(칩4), 인플레이션감축법, 새로운 군사 협약인 오커스와 쿼드, 인도-태평양 전략, 나토의 전략 개념 수정 등을 추진하고 있다. 이에 맞서 중국은 역내포괄적경제동반자협정, 일대일로, 상하이협력기구, 글로벌 안보 이니셔티브 등으로 대응하고 있다.

이처럼 양국의 갈등은 갈수록 커지고 있고, 그만큼 위험도 증가하고 있다. 양국이 처한 경제적 곤란은 지정학적 적대 증대에 더욱 영향을 미칠 것이다. 우크라이나 전쟁도 미·중 대결을 첨예하게 만들고 있다. 미국은 중국과의 경쟁을 의식하며 우크라이나 전쟁에서 강경한 태도를 굽히지 않고 있다. 이를 지켜본 중국은 러시아와의 협력을 증대하고 있다.

이런 상황에서 미국에 맞서 중국을 편들어야 한다는 견해가 만만찮게 주장되고 있다. 이 주장에 따르면, 미국은 신자유주의 정책들을 추진하고 외국에 정치적 간섭과 군사적 개입을 다반사로 하지만, 중국은 내정 불간섭과 경제 교류 활성화 방식으로 외교를 추진해 왔다는 것이다.

그렇지만 중국도 미국과 꼭 마찬가지로 경제력뿐 아니라 군사력을 이용한 공세적 외교를 추진하고 있다. 시진핑은 2012년 공산당 총서기가 되면서 다음과 같이 말했다. "중국은 결코 자국의 핵심 이익을 두고 협상하지 않을 것이다. 또한 자국의 주권, 안보, 발전을 상실하는 것을 결코 참아 넘기지 않을 것이다." 그때 시진핑이 말한 "중국의 핵심 이익"에는 대만·신장위구르·티베트에 더해 해외의 중국 해군기지와 아프리카·중동·남미에 진출한 중국 기업의 이익이 포함된다. 특히 대만의 경우, 시진핑은 무력 사용을 불사하고 2049년까지 통일하겠다고 밝혔다. 미국과 중국이 대만을 두고 격돌할 공산이 커지고 있다.

중국은 영향력의 세계적 확대를 뒷받침하고자 해군력을 강화하고 있다. 최근 인민해방군은 《강군전략》에서 다음과 같이 밝혔다. "근해를 통제하고, 양양(태평양과 인도양)에 들어가며, 서태평양과 북부·중부 인도양 해역에서 유효하게 국가 이익을 보호한다." 2023년 양회, 곧 전국인민대표대회와 중국인민정치협상회의에서 중국은 국방비를 7.2퍼센트나 증액한 293조 원으로 책정했다. 물론 중국의 국방비는 1000조 원이 넘는 미국 국방비에는 아직 못 미친다. 그러나 65조 원인 일본의 4.5배나 되고, 그 증가율도 세계에서 가장 높은 편이다.

중국은 제국주의적 경쟁에 국민적 지지를 동원하려고 국진민퇴, 공동부유(9장 참조) 등의 슬로건을 내걸며 내부를 추스르고 단속하고 있다. 중국은 고유한 당-국가 체제를 유지하고 어

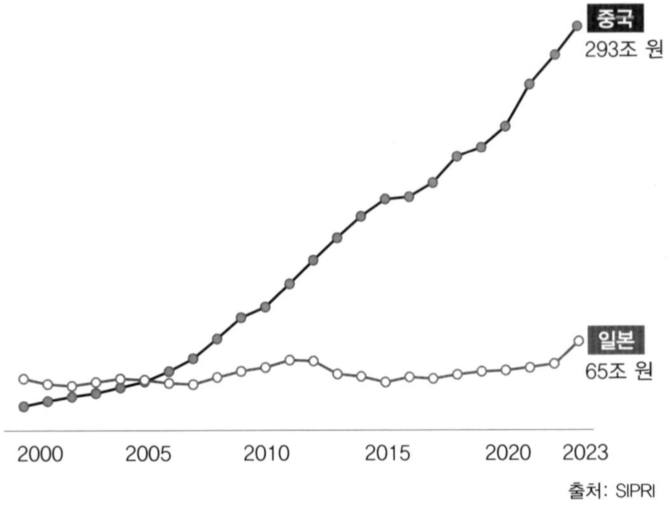

그림 7-5. 중국의 국방비 증가.

질고 유능한 "현능정치"를 펴기 때문에 서방의 민주주의와 다르고 그보다 우월하다고 중국 관료들은 주장한다. 그러나 중국 정치는 어질고 유능하기는커녕 자본 축적을 위한 노동자·농민 착취, 정치적·시민적 권리 억압, 소수민족 억압, 여성과 동성애자 차별과 탄압 등으로 서방과 정도는 다르나 본질은 같다. 중국이 해외에서 제국주의적 성격을 띠는 것과 국내에서 억압적 통치를 강화하는 것은 서로 긴밀히 연결돼 있다. 제국주의 국가들은 외부의 적과 대결해 이기기 위해 늘 내부의 반대자들을 통제한다.

세계 자본주의 체제 속에서 중국이 미국을 주저앉힐 수 있을지는 지금으로선 불확실하다. 그렇지만 미국과 중국의 제국주의적 쟁투의 결과가 어찌 되든, 중국의 노동계급을 비롯한 전 세계 노동계급이 경제·군사적 대결 속에서 끔찍한 희생을 치를 것은 분명하다.

사회변혁을 바라는 사람들은 제국주의에 맞서야 한다. 특히, 친서방 정부하에서 살고 있는 한국인들은 미국 제국주의 반대를 우선시하되, 그 경쟁적 제국주의 국가인 중국을 지지해서는 안 될 것이다.

8장

시진핑 체제의 성격과 위기

2022년 10월 중국공산당 20차 당대회가 열렸다. 거기서 시진핑 공산당 총서기의 3연임이 확정됐다. 이로써 시진핑은 중국 국가의 세 핵심 직위를 차지하게 됐다. 공산당 최고 지도자인 총서기직, 국가 주석직, 인민해방군 총지휘관인 당 중앙군사위원회 주석직이다.

시진핑의 3연임 확정을 두고 흔히들 덩샤오핑이 확립한 집단 지도체제가 완전히 붕괴하고 시진핑의 1인 독재 체제가 구축됐다고 논평한다. 심지어 중국 역사상 가장 강력한 통제 체제가 확립됐다며 시진핑을 진시황제에 비유해 '시황제'라고도 말한다. 그런 논평을 하는 이들이 제시하는 근거는 대강 다음과 같다: 국가 주석이나 당 총서기의 임기는 2연임이 관례였다. 그렇지만 이게 무너졌다. 그리고 차차기 후계자를 미리 정하는 이른바 '격대지정隔代指定'이 사라졌다. 게다가 67세 유임, 68세 퇴임이라는 연령 제한, 이른바 '7상8하'도 지켜지지 않았다. 또, 공산당의 지도부인 정치국 상무위원회를 시진핑의 친위 세력인 시자쥔習家軍

그림 8-1. 2012년 12월 중국공산당 총서기에 취임하는 시진핑. 뒤이어 2013년 3월 국가 주석이 됐다.

으로 채웠다. 파벌 안배를 무시하고 그랬다.

물론 시진핑의 3연임이 사소한 일은 아니다. 그렇지만 그렇다고 해서 중국 관료의 국내 계급 지배나 대외 정책 같은 지배 전략이 바뀌었다고까지 할 만한 일은 아니다. 시진핑 3연임은 그저 중국 지배 관료의 내부 관례를 약간 변경했을 뿐이며 그들 간의 상호 암투와 견제는 여전히 작동할 것이다. 따라서 시진핑의 3연임을 두고 시황제 운운하는 것은 과장이다. 이렇게 사태를 과장되게 보면 서방이 더 낫다는 잘못된 결론으로 나아갈 수 있다.

그림 8-2. 2022년 10월 13일 베이징 쓰통차오 육교 위에서 벌어진 기습 시위.

시진핑 3연임 확정은 중국 인민 대중의 지지를 받기는커녕 오히려 중국 관료가 1989년 톈안먼 항쟁 같은 사건의 재연을 두려워하고 있음을 방증하는 일이다.

지금 중국 관료는 제2의 톈안먼 항쟁이 일어날까 봐 대중의 불만 표현에 매우 신경질적으로 반응하고 있다. 당대회 직전인 10월 13일 베이징에서 시위가 벌어졌다. "봉쇄와 통제가 아닌 자유", "시진핑은 매국노이자 독재자" 등의 문구가 적힌 현수막을 건 기습 시위였다. 대학교들이 밀집해 있는 하이뎬구의 쓰통차오 육교 위에서 일어난 일인데, 이 현수막에 적힌 문구가 중국

주요 도시에서도 공중화장실 낙서로 번졌다.

그러므로 시진핑 3연임의 의미를 제대로 평가하려면, 중국 지배계급이 시진핑에게 3연임을 하도록 힘을 실어 준 것이 지배 관료의 막강함이 아니라 오히려 중국 경제와 정치의 위기를 반영한다는 점을 알아야 한다. 이를 이해하기 위해 먼저 시진핑 체제의 등장 배경을 살펴보자.

시진핑 체제의 등장

시진핑이 공산당 총서기직에 취임한 것은 2012년이었다. 중국 안팎에서 중요한 변화가 일어난 해였다.

먼저 대외적 측면을 보면, 특히 2008년 세계경제 위기의 여파가 지속되고 있었다. 반면 중국은 당시에 홀로 성장하고 있었다. 그래서 당시 독일 총리 메르켈은 중국이 위기에 빠진 유럽의 백기사가 됐다고 말했다. 어떤 사람들은 미국 주도의 신자유주의가 끝나고 중국 모델이 부상할 것이라고까지 전망했다.

또 다른 대외적 변화도 있었는데, 2011년 미국 정부가 유명한 'pivot to Asia', 곧 '아시아로의 중심축 이동'을 본격 천명한 일이었다. 아시아로의 중심축 이동은 생산과 교역의 중심지로 변모

하는 아시아에 제국주의적 개입을 늘리겠다는 미국 지배계급의 의지를 보여 주는 것이다. 아시아가 생산의 중심지로 부상한 것에는 중국이 세계의 공장이 된 것이 결정적으로 작용했다.

이런 국제 환경 속에서 시진핑이 중국의 최고 지도자가 된 것이다. 그의 핵심 메시지는 중국이 세계 유일 초강대국이 돼야 한다는 것이었다. 이른바 '중국몽中國夢'이다. 이를 위해 시진핑이 제시한 계획이 이른바 '쌍백운동雙百運動'이다. 쌍백운동은 2021년 '소강사회', 곧 모든 인민이 풍족한 생활을 누리는 사회를 이루고 2049년에는 중국을 세계 최강대국으로 만든다는 것이다. 2021년은 중국공산당 창당 100주년이고, 2049년은 신중국 건국 100주년이다. 중국몽과 쌍백운동이라는 비전에 따라 2013년 시진핑은 일대일로를 제시했다. 일대일로는 세계의 공장으로 발전한 중국의 경제력에 기반해 전 세계에 중국의 제국주의적 의지를 투사한다는 계획이다.

시진핑은 이런 제국주의적 목표를 달성하기 위해 국내에서 두 가지 일을 추진했다. 첫째는 중국제조2025 계획에서 잘 드러나듯이 첨단산업 분야의 생산력을 발전시키는 것이고, 둘째는 저항을 억압하는 일이다.

먼저 첨단산업 육성 계획을 살펴보자. 시진핑은 집권 기간 내내 첨단산업에 가용 자원을 집중 투자했다. 특히 전기차 생산에

그림 8-3. 시진핑은 공산당 총서기에 취임한 직후, '중화민족'의 위대한 부흥을 뜻하는 중국몽을 실현하겠다고 발표했다. 사진은 2008년 베이징 올림픽 개막식.

집중했다. 중국은 자동차 엔진 제조 기술력이 미국과 일본보다 뒤처졌지만, 현재는 전 세계 전기차 생산의 핵심국이 됐다. 또 다른 첨단산업 육성 사례는 5G 분야다. 이 분야에서 화웨이는 세계 최고의 기술들을 보유하고 있다.

중국의 첨단산업을 견제해야 하는 미국이 가만있을 리 없다. 무역 분쟁을 벌이고 중국의 초일류 기업에 제재를 추진해 왔다. 트럼프 정부는 화웨이 부회장이자 재무 이사인 멍완저우를 기소했고, 바이든은 한국·대만·일본과 반도체 공급망 동맹인 칩4 동맹을 추진하고 있다. 중국의 반도체 산업 발전을 억제하기 위해

서다. 최근 바이든 정부는 반도체 장비 업체들이 중국 수출을 중단하도록 하고 있고, 애플에게는 부품 생산을 중국에서 다른 곳으로 이전하도록 재촉하고 있다.

어떤 사람들은 미국과 중국이 비록 정치·군사적으로는 대립하지만 두 나라의 자본들은 상대국에 투자하는 협력 관계라는 사실을 들며 이런 경제적 통합 때문에 전쟁이나 군사적 충돌이 방지될 것이라고 주장한다. 그렇지만 이는 근시안적 견해일 뿐이다. 애플 등 앞서 언급한 미국 기업들도 미국 정부의 권고를 따르고 있다. 무역분쟁을 비롯한 미국과 중국의 경쟁 속에서 두 나라의 자본들은 자국 국가와 한편이 돼 움직이고 있다. 설사 경제적 손실이 있더라도 말이다. 이에 더해, 미국과 중국은 경쟁이라도 하듯이 대만을 둘러싼 긴장을 고조시키고 있는 사실을 봐야 한다(대만 문제는 10장에서 살펴본다).

다음으로 시진핑의 저항 억압을 살펴보자. 시진핑이 최고 지도자 자리에 오르기 두 해 전인 2010년 중국에서는 상징적 사건이 두 건 일어났다. 하나는 애플의 중국 부품 생산업체인 폭스콘에서 10여 명의 노동자가 자살한 사건이다. 열악한 노동환경이 자살의 원인이었다. 다른 사건은 광둥성 포산에 있는 혼다 자동차 부품 공장 노동자들의 파업이었다. 이 파업으로 노동자들은 단체교섭권을 쟁취했다. 두 사례의 주인공들은 모두 새 세

그림 8-4. 2016년 중국 월마트 노동자들의 비공인 파업. 일종의 변형 근로 시간제인 종합노동시간제 도입을 저지했다.

대 농민공들이다. 중국의 제조업이 발전하자 농촌 호구를 지닌 농민공들이 도시로 와, 저임금을 받으며 부족한 일손을 메웠다. 그러면서 그들은 자신들의 권익을 위한 투쟁에 나서고, 그 효과로 노동조합을 결성하기도 했다.

시진핑 집권 이후 노동자 단체 행동 건수는 부쩍 늘어났다. 시진핑은 집단적 투쟁의 가능성을 점차 깨닫고 있는 2억 8000여 명의 농민공을 통제해야 했다. 그래서 2015년경 그는 새로운 제조업 중심지인 선전과 광저우 일대의 노동단체들을 대대적으로 단속하고 노동운동 활동가들을 체포했다. 2018년 자스커지의 노동조합 결성 노동자들과 이를 지지한 학생들을 탄압한 것이 대표적 사례다. 시진핑의 탄압에도 불구하고 새 세대 농민공들은 제조업, 플랫폼, 소매금융, 운송과 배달 등의 분야에서 노동조합을 결성하거나 단체 행동을 하는 일들을 계속하고 있다. 이런 저항들 때문에 시진핑은 언론·출판·집회·결사의 자유 같은 가장 기본적인 민주적 권리조차 허용하지 않고 정부 비판이나 반대 목소리를 억누르며 매우 권위주의적인 통치를 지속하고 있다.

다가오는 위기

이런 권위주의적 통치에도 불구하고 중국공산당이 이럭저럭 대중의 불만을 무마하고 당에 대한 지지를 이끌어 낼 수 있었던 것은 그동안 중국 경제가 급속히 성장하면서 일자리가 늘어나고 국민소득이 증대한 덕분이었다.

중국 관료가 높은 경제성장률에 집착하는 이유 하나는 일자리 문제다. 예를 들어, 최근 몇 년 동안 중국의 대학 졸업생 수는 매년 1000만 명이 조금 넘는데, 이들이 모두 일자리를 얻으려면 해마다 8퍼센트의 경제성장을 해야 한다. 그런데 2022년에는 30여 년 만에 가장 낮은 목표치인 5.5퍼센트조차 달성하지 못하고 3퍼센트에 머물렀다. 2022년 5월 18일 베이징대학교 국

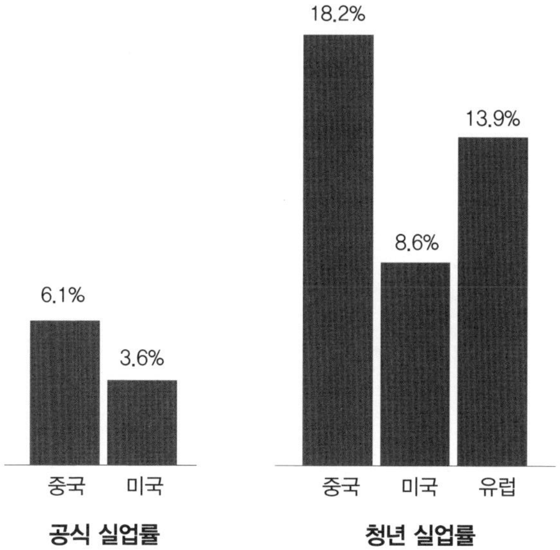

그림 8-5. 중국의 심각한 실업률.

가발전연구원의 루펑 교수는 중국의 공식 실업률이 6.1퍼센트이고, 청년 실업률은 18.2퍼센트에 달한다고 밝혔다. 공식 실업률은 미국의 3.6퍼센트보다도 높고, 청년 실업률은 유럽의 13.9퍼센트나 미국의 8.6퍼센트보다 훨씬 높은 수준이다.

최근 중국 경제의 성장 둔화는 단지 코로나19로 인한 봉쇄 때문만은 아니다. 시진핑 집권 내내 경제성장이 둔화해 왔고, 코로나19 이전에도 중국 경제는 여러 문제점을 드러내고 있었다.

2008년 세계경제 위기 이후 중국 경제성장의 견인차 구실을 한 건 중앙정부의 경기 부양책과 지방정부의 부동산 개발 붐이었다. 이런 성장의 결과는 막대한 부채로 나타났다. 2021년 중국 인민은행 부총재 류궈창은 중국 국내총생산GDP 대비 총부채가 272퍼센트에 이른다고 발표했다(총부채는 중앙정부, 지방정부, 기업, 가계의 부채를 합한 것).

시진핑 정부는 정부 부채와 기업 부채를 줄이려고 애썼지만, 미·중 무역 분쟁과 코로나19에 부딪혀 번번이 좌절됐다. 최근의 시도는 부동산 개발로 인한 건설사 부채 규모를 줄이기 위해 은행 대출 규제를 강화하는 것이었다. 그렇지만 헝다그룹의 파산 위기가 부동산 분야 전반으로 확산될 조짐을 보이자 광둥성 정부는 건설사 대출 규제를 거둬들여야 했다. 소위 '질서 있는 파산'을 통해 중국 경제 전체에 미치는 영향을 제한한다는 것이다.

중국은 세계경제에 깊숙이 편입됨으로써 경제 발전을 이룩했지만, 그러면서 세계경제에서 받는 압력과 긴장도 고스란히 안게 됐다. 가령 최근 미국 중앙은행인 연방준비제도가 금리를 잇달아 인상하자, 중국에 투자된 자금이 해외로 유출되고 그로 인해 위안화의 가치가 떨어졌다. 자금 유출을 막고 환율을 방어하려면 금리를 올려야 하지만 중국 정부는 경기 침체 때문에 오히려 금리를 인하하고 대규모 인프라 투자와 부분적 경기 부양책을 쓰는 정책을 추진하고 있다.

시진핑 정부는 근래에 국진민퇴國進民退를 강조해 왔다. 국유기업이 약진하고 민간기업이 후퇴해야 한다는 것으로, 신자유주의보다는 국가자본주의를 강화하겠다는 것이다. 세계 자본주의 체제에 편입된 중국 경제가 휘둘리지 않고 미·중 무역 분쟁에 맞서려면 그래야 한다는 것이다.

시진핑 정부가 내세우는 또 다른 가치는 공동부유다. '다 같이 잘살자'는 말이다. 한국의 일부 좌파는 공동부유가 저소득층을 지원해 빈부 격차를 줄이는 정책이라고 본다. 그렇지만 공동부유의 진정한 목적은 인민 대중의 복리 증대가 아니라, 빈부 격차에 대한 대중의 불만을 무마하는 것이다.

그러나 공동부유는 또한 최근 급성장한 알리바바, 텐센트, 디디추싱 등 전자 상거래, 플랫폼, 공유 경제, 핀테크 기업들이 공산당의 통제에서 벗어나지 않도록 규제를 강화하는 것도 노리고 있다. 이른바 '홍색 규제'로 불리는 이런 민간기업 통제는 중국 관료가 앞으로 더 첨예해질 미국과의 무역 전쟁에 대처하기 위한 것이다. 2019년 시진핑 정부는 국가보안법으로 홍콩의 민주 세력을 제압하는 데 일시적으로 성공했다. 그 여세를 몰아 중국 관료는 정부와 공산당의 통제에서 벗어날 가능성이 있는 민간기업들을 손보고자 하는데, 이것이 공동부유의 사실상 가장 중요한 목적이다.

시진핑 체제는 해외에서는 미국과 제국주의 경쟁을 치러야 하고 국내에서는 부국강병 국가를 여전히 건설해야 한다. 이를 위해서 관료는 노동자와 농민을 효과적으로 착취해야 한다.

시진핑이 관료 지배계급에게 위임받은 이 과제를 제대로 수행하지 못한다면 그의 3연임을 지지해 준 지배 관료 내에 균열이 생길 수 있다. 이런 균열은 아래로부터 저항이 분출할 기회를 제공해 줄 수 있다. 2022년 10월 5일 세계적 기업주 신문 〈파이낸셜 타임스〉는 다음과 같이 관측했다. "과도한 부동산 투자 위주의 경제정책은 그에 따른 막대한 부채 누적과, 투자에 비해 계속 낮아지는 국내총생산 성장률로 이미 그 비효율성이 드러났다. 그런데도 시진핑은 그것을 고집하고 있다. 시진핑의 3연임은 비극적 실수가 될 것이다."

사실 좌파적 관점으로 봐도 시진핑 앞에는 험난한 길이 놓여 있다. 물론 어떤 좌파들은 시진핑의 공동부유나 홍색 규제를 진보적이라고 보고, 국유기업을 '비자본주의' 영역으로 본다. 반면 어떤 좌파는 3연임을 통한 집권 연장이나 홍콩 민주화에 대한 탄압 또는 대만 무력 점령 의지를 이유로 중국이 서방 자본주의보다 더 못한 사회체제라고 주장하기도 한다.

그렇지만 중국은 다른 제국주의 열강과 경쟁하고 이를 위해 노동계급을 착취하고 억압하는 관료적 국가자본주의 사회다. 그래서 중국 사회는 본질 면에서 서방 사회와 다를 바 없다. 중국을 전체주의 사회라고 보면 서방이 더 낫다는 결론으로 나아갈 수 있다.

따라서 서방 제국주의를 우선 반대하면서도, 중국 제국주의를 대안으로 여기지 않도록 주의해야 할 것이다.

9장

공동부유와 홍색 규제:
미사여구와 현실

2021년 11월 11일 막을 내린 중국공산당 제19기 중앙위원회 6차 전체회의(6중전회)에서는 중국공산당 역사상 세 번째로 '역사적 결의'가 통과됐다. 그 핵심 내용은 중국공산당의 지난 100년을 총결하고 다음 100년의 사명과 목표를 달성하자는 것이다. 지난 100년이 마오쩌둥의 국가 건설과 덩샤오핑의 실사구시로 물질적 부유를 이룬 시기였다면, 향후 100년은 중국을 현대화 강국으로 건설하는 시기다. 바로 시진핑이 빈곤에서 벗어나 그럭저럭 생활할 수 있는 '소강사회'를 실현함으로써 지난 100년을 마무리하고, '시진핑 신시대 중국 특색 사회주의 사상'으로 강력한 국가를 건설할 100년을 시작한다는 것이다.

시진핑은 '다 함께 잘살자'는 뜻인 '공동부유'를 강조하고 있다. 2021년 8월 초 중국 지배자들의 비공개 회동인 베이다이허 회의 이후 특히 그랬다. 그는 공동부유를 다음과 같이 설명했다. "공동부유는 사회주의의 본질적 요구이며 중국식 현대화의 중요한 특징이다. 인민 중심의 발전 사상을 유지하고, 높은 수준의 발전을 통해 공동부유를 추진해야 한다." 또 시진핑은 6중전회 직후에 국가반독점국을 출범시켜 빅테크 기업들에 대한 '홍색 규제'를 강화하고 있다.

시진핑 시대 중국이 나아가려는 방향을 알려면, 시진핑이 내세우는 공동부유라는 미사여구보다는 중국공산당이 처한 경제적·정치적 처지와 그에 대응한 실천을 먼저 봐야 할 것이다.

사실, 중국공산당의 처지는 그들이 말하는 것과 달리 만사형통이 아니다. 지난 몇 년간 중국 경제성장률이 크게 하락했다. 미·중 갈등은 바이든 정부 들어 오히려 더 강화되고, 심지어 대만을 둘러싼 지정학적 위기는 군사 충돌이 우려되는 심각한 수준으로 발전하고 있다. 중국이 경제 대국으로 성장하고 미국과의 경쟁에서 승리하려면, 모든 세력이 강력한 중국 건설에 매진하도록 만들어야 할 것이다. 중국공산당의 '역사적 결의'는 이것을 천명한 것이다.

이렇게 하려면 대중의 불만을 무마해야 할 것이다. 사실 시진핑 정부는 집권 내내 제국주의적 경쟁의 압력 때문에 내부를 단속해야 한다는 압력을 크게 받았다. 그래서 저항하는 노동자와 청년·학생을 억압하고, 홍콩 민주화 세력을 짓밟았으며, 분리 독립을 추구할 가능성 있는 소수민족을 강력하게 탄압하는 것으로 일관했다.

이런 맥락 속에서 공동부유에 대해 한 걸음 더 들어가 살펴볼 필요가 있다. 시진핑이 공동부유를 강조하고 홍색 규제를 추진하는 이유가 무엇일까? 세 가지를 들 수 있다.

진정한 이유

첫째, 중국 경제가 놀라운 발전을 이루는 동안 그 이면에서 빈부 격차가 커졌다. 불평등은 코로나19의 영향으로 더 심해졌다. 집값과 교육비는 가파르게 오르지만 일자리와 임금은 늘지 않는 것이 오늘날 중국의 현실이다. 그래서 농민공이 도시에서 집을 장만하려면 당나라 때부터 저축했어야 한다는 말이 나올 정도다.

중국의 지니계수를 보면 1990년대 이래 쭉 증가했다. 2012년에 출범한 시진핑 정부에서도 0.46에서 0.49 사이를 유지하고 있다. 그런데 지니계수가 0.4를 넘으면 사회 불안정이 급격하게 높아져 폭동과 반란 또는 혁명이 벌어지더라도 전혀 이상할 게 없다고 한다.

코로나19로 인해 부자들은 더 부자가 됐지만 중위소득층은 소득 감소와 생활수준 하락을 경험하고 있다. 알리바바, 텐센트,

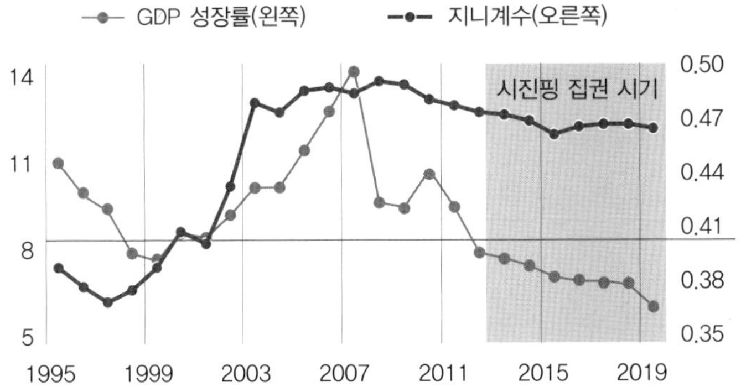

그림 9-1. 중국의 지니계수와 경제성장률.

핀둬둬, 바이두, 징동 같은 빅테크 기업들의 수익은 폭등했지만, 노동 대중은 봉쇄와 실업을 경험했다. 중국 지배자들은 이런 일이 지속될 경우 1989년 톈안먼 항쟁 같은 일이 벌어질 수 있다고 두려워한다.

둘째, 빈부 격차가 확대되면 시진핑이 추진하는 '쌍순환 전략'은 성공할 수 없다. 쌍순환 전략은 내수에 기반한 경제성장을 강조하는 전략이다. 그러니 소득 불평등이 악화되면 내수를 뒷받침하기 어렵고 경제성장을 억누를 것이란 우려가 나오는 건 당연할 것이다. 실제로 2021년 중국의 경제성장률은 1분기 18.3퍼센트, 2분기 7.9퍼센트에 이어 3분기에는 4.9퍼센트로 떨어졌다. 원자재 가격 급등, 전력난, 부동산 2위 기업인 헝다그룹의 부도 위기 등으로 중국 경제가 급격하게 침체되고 있다. 중국의 산업 생산 성장률 역시 시장 기대치인 4.5퍼센트보다 낮은 3.1퍼센트를 기록했다.

최근에 의미심장한 뉴스가 있었다. 2020년 중국의 출생률이 1000명당 8.52명으로 43년 만에 최저치를 기록했다(중국 국가통계국). 2020년 출생 인구는 1200만 명으로 2016년(1786만 명)보다 3분의 1이나 줄었다. 중국의 한 자녀 정책은 몇 년 전에 폐지됐지만 젊은이들은 부동산 폭등, 감당하기 힘든 사교육비, 일자리 감소 때문에 결혼과 출산을 포기하고 있다. 지배자들에게 인구 감소는 좋지 않은 뉴스일 것이다. 노동력 감소, 소비 감소, 경제 활력 감소를 초래하고 노인 부양 부담을 증가시키기 때문이다. 공동부유 정책의 일환으로 학업과 사교육 부담을 줄이고 주택 가격을 억제하는 정책을 발표한 것은 이 때문이다.

셋째, 중국 국가 관료들은 빅테크 기업들이 국가 통제에서 벗어날 수 있다고 우려한다. 실제로 알리바바의 마윈이 중국의 금융 제도를 동네 구멍가게라며 비판하고, 디디추싱이 정부 당국자의 만류를 무릅쓰고 미국 나스닥에 상장했다.

그래서 중국 당국은 그간 엄청난 부를 쌓고 코로나19로 더 부유해져 대중의 불만과 분노의 대상이 된 빅테크 기업들을 공동부유의 명분으로 단속하고 규제하고 있다. 국가 통제를 확고히 하려는 것인데, 이는 미국과의 경쟁에서 승리하기 위한 내부 단속이기도 하다.

미사여구와 현실

시진핑의 공동부유와 홍색 규제에 대해 한국의 일부 지식인과 좌파는 일종의 환상이 있는 것 같다. 노회찬재단의 김형탁 사무총장은 공동부유론이 "부와 소득의 격차가 더 이상 간과할 수 없는 요소가 됐다는 방증"이자 "덩샤오핑의 선부先富 논리를 수정해 함께 잘살자는 마오쩌둥의 공부共富 논리를 결합하겠다는 노선"이라고 긍정적으로 평가했다. 이병천 강원대 명예교수는 "시진핑 정부는 오늘의 시대정신이 무엇인지, 국가가 할 일이 무엇인지 알고 있는 듯하다"고 논평했다. 친진보당 언론 〈민플러스〉는 중국공산당의 공동부유와 6중전회의 결과를 홍보한 〈환추스바오環球時報〉 사설을 번역해 실었다.

그러나 시진핑 중국의 현실은 '다 함께 잘사는' 것과는 거리가 멀다. 최근 중국 언론은 홍색 규제의 대상이 된 기업들이 기부를 크게 늘리고 대중에게 도움을 준다고 부각하고 있다. 그렇지만 이것으로 불평등의 골을 메울 수는 없을 것이다. 2020년 "세계

그림 9-2. 중국 경제가 급성장하는 동안 빈부 격차가 커졌다.

부자 보고서"가 발표한 10억 달러(1.2조 원) 이상의 자산을 보유한 슈퍼리치의 숫자를 보면, 중국이 799명으로 미국의 626명보다 많다. 중국 상위 1퍼센트 부자가 국내총생산의 30퍼센트를 차지한다. 반면, 2020년 5월 전국인민대표대회 직후에 총리 리커창이 시인했듯이, 전체 인구의 40퍼센트가 넘는 6억 명은 월 1000위안(약 18만 원) 이하로 생활한다. 전체 인구의 90퍼센트에 해당하는 12억 6000만 명은 월 5000위안(약 93만 원) 이하로 생활한다.

소득 불평등을 완화하려면 노동자와 농민 대중의 소득을 늘려 줘야 한다. 그렇지만 시진핑은 집권 내내 노동조합을 결성하거나 임금 인상이나 보상금을 요구하는 노동자들을 탄압했고, 이들을 지원하는 노동 NGO 활동가들을 잡아갔다. 최근 시진핑은 공동부유가 '복지주의'라는 함정에 빠지지 말아야 한다면서 애국주의 교육을 통한 '정신적 공동부유'를 추진하겠다고 한다. 그러니, '다 함께 잘살자'는 공동부유는 말뿐이고 시진핑에 기대해서는 결코 달성할 수 없는 목표인 것이다.

공동부유 추진에는 또 다른 난관도 있다. 시진핑 정부는 부동산세나 소비세 또는 상속세를 도입하려 하지만 지배 세력의 반발 때문에 잘 진척되지 않고 있다. 기업에 대한 홍색 규제는 빅테크 기업들을 넘어 기업 전반에 위축 효과를 낼 것이라는 우려도 있다.

시진핑이 실수하거나 성과를 못 내면 지배계급 내부의 갈등과 분열이 생길 수 있다. 중국 지배계급 내 의견 충돌은 언제나 있었고 지금도 있다. 두 사례를 들 수 있다. 하나는 부실 국유기업 개혁을 둘러싸고 파산 같은 신자유주의적 개혁을 할 것이냐, 국유기업 살리기를 할 것이냐 하는 갈등이다. 최근에는 금융자본에 대한 국가의 통제를 둘러싸고 갈등이 있다. 이런 의견 차이는 아직 갈등과 분열로 이어지지 않고 있지만, 미·중 경쟁이나 노동자 저항 등을 놓고 지배계급 내 의견 충돌이 첨예해질 수 있다. 이런 상황은 아래로부터 노동자 투쟁이 분출할 수 있는 좋은 환경이 될 수 있다.

시진핑이 추진하는 공동부유와 홍색 규제의 대상 기업들은 국가와 공산당의 권위에 도전하거나 장차 그럴 가능성이 있는 기업들이다. 엄청난 부를 쌓거나 독점적 지위를 누리는 기업들이 모두 규제의 대상인 것은 아니다. 예를 들어 캐나다에 억류돼 있다 귀국한 화웨이 부회장 멍완저우에 대한 중국 정부의 환대를 보면 알 수 있듯이, 5G에서 독점적 지위를 누리는 화웨이는 애국 기업으로 대우받는다. 반면 알리바바, 텐센트, 바이두, 메이퇀, 디디추싱 같은 거대 빅테크·플랫폼 기업들은 각종 규제와 천문학적 벌금을 받고 있다.

중국 지배자들은 경제에 대한 통제력을 포기하지 않고 더 강화하려 한다. 시진핑과 중국 지배계급은 대기업에 대한 이런 통제력 강화가 제국주의적 경쟁에서 이겨 세계적 패권국이 되는 데 꼭 필요한 일이라고 본다.

비자본주의 영역?

공동부유와 관련해 영국의 유명한 마르크스주의 경제학자 마이클 로버츠의 견해가 흥미롭다. 그는 세계 자본주의가 2008년 경제 위기와 뒤이은 장기 불황 그리고 코로나19 팬데믹에 따른 경기 침체 때문에 이윤을 위한 생산 체제로는 공동부유를 달성할 수 없다고 지적했다. 중국의 경우 서방 자본주의와 마찬가지로 '자본주의 영역'이 어려움을 겪고 있고 중국의 장래 번영을 위협하고 있다고 지적한다. 그는 다음과 같이 주장한다. "중국의 향후 성장은 … 국가의 역할을 줄이는 것보다는 기술과 숙련노동에 대한 국가 주도의 투자와 공동부유 정책에 달려 있을 것이다. … 중국 이외 지역에서는 자본주의가 지배적 생산양식으로 남아 있다. 자본의 힘이 중국 안팎에서 남아 있는 한 '공동부유'는 달성하기 힘들 것이다."

마이클 로버츠는 중국에서 자본주의 영역을 억제하고 비자본주의 영역을 확장하면 공동부유가 가능할 수 있다고 생각하는 듯하다. 이런 환상은 자칫 시진핑이 주장하는 '중국 특색의 사회주의', 국가 통제 강화에 대한 비판적 지지로 나아갈 수 있다.

그러나 로버츠가 말한 중국의 '비자본주의' 영역에서 바로 국가자본이 노동자와 농민을 착취해 거대한 부를 축적하고 강력한 국가를 건설하려 했다. 이 과정에서 국가 관료는 지배계급이 됐다. 중국을 자본주의와 비자본주의 영역이 공존하는 사회로 이해하기보다 국가자본주의 사회로 봐야만 중국 사회의 동학과 시진핑의 행보를 간파할 수 있다.

시진핑은 집권 동안 수많은 노동운동 활동가들을 잡아갔다. 많이 알려졌듯이 2015년 광둥 지역의 노동 NGO 활동가들을 대대적으로 단속했다. 시진핑과 중국공산당에 비판적인 인물들은 쥐도 새도 모르게 사라지고 있다. 시진핑은 신장위구르에서 노동 수용소를 운영하며 150만 명에서 200만 명에 이르는 위구르 남성들을 감금했다. 홍콩에서는 국가보안법을 적용해 그동안 허용됐던 정치적·시민적 권리마저 빼앗고 있다.

시진핑의 이런 권위주의적 억압 조처에 일부 사람들은 무기력을 보이기도 한다. 시진핑을 무소불위의 힘을 지닌 진시황제처럼 보면서 말이다. 그러나 중국 경제가 성장하면서 노동계급이 거대한 규모로 성장했고, 2010년대에는 저항 잠재력을 보여 줬다. 2015년 탄압 이후 잠시 소강인 듯하지만 이런저런 투쟁들이 산발적으로 벌어지고 있다. 최근에는 플랫폼, 인터넷, 서비스, 배달 등 부문에서 노동조합이 결성되고 파업도 늘었다. 또, 대학가에서는 사회 비판적이거나 노동자 투쟁을 지원하는 동아리들도 생겨났다.

시진핑의 중국은 이데올로기적으로 더 강경해지고 지정학적으로 더 거칠어지는 한편, 국내에서는 권위주의 통치를 강화하고 있다. 시진핑이 대중의 불만을 무마하기 위한 미사여구로 공

그림 9-3. 2019년 2월 광둥성 둥관에서 벌어진 배달 노동자 파업. "주문 안 받습니다. [배달 플랫폼 대기업] 메이퇀의 비정상적 배달료 인하로 생활임금을 벌지 못합니다."

동부유를 주장하지만 노동자들과 청년들의 불만을 억누르기 어려울 것이다. 공동부유는 조금도 진보적이지 않다.

희망은 오직 앞에서 소개한 노동자와 청년의 투쟁이 전진하는 것에 있다. 그런 투쟁만이 국제 경쟁이 아니라 대중의 필요를 우선시하는 사회를 향한 변화를 가져올 수 있다.

10장

대만 문제:
기원, 변천, 현재의 위기

우크라이나 전쟁이 일어나 지속되는 동안 미국과 중국의 갈등은 더 커졌다. 2023년 2월에는 미국이 중국의 정찰 풍선을 격추하며 긴장이 증폭됐다. 미국과 중국이 충돌하는 중요한 쟁점 하나가 바로 대만이다. 2022년 2월 러시아가 우크라이나를 침공했을 때 미국 쪽에서 중국도 대만을 공격할 수 있다는 주장이 흘러나왔다. 그러면서 양안 관계가 긴장됐는데, 그 뒤 대만을 둘러싼 미·중 간 갈등과 긴장은 점점 커졌다.

대만을 둘러싼 최근의 긴장 증대

2022년 5월에는 미국 대통령 바이든이 대만을 방어하기 위해 군사개입도 할 수 있다고 말했다. 이 발언은 파문을 일으켰다. 그동안 군사개입에 관해서는 모호성을 유지하던 미국의 입장에 변화 조짐이 보였기 때문이다. 8월에는 미국 하원 의장 낸시 펠

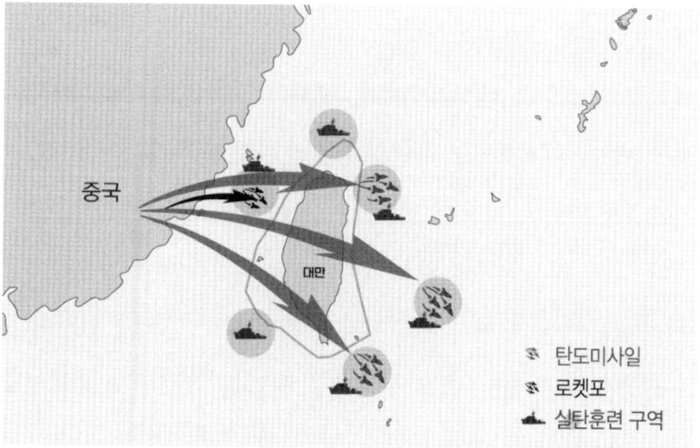

그림 10-1. 2022년 8월 미국 하원 의장 낸시 펠로시의 대만 방문 직후 중국군은 대만을 에워싸는 봉쇄 훈련을 벌였다.

로시가 대만을 방문해 긴장이 고조됐다. 그 전까지 미국의 고위 정치인들은 대만 방문을 자제해 왔는데 그 관행을 깨자 중국이 민감하게 여기는 '하나의 중국'을 존중하지 않는 행위로 여겨졌다. 그래서 중국 인민해방군은 펠로시 방문 직후 대만을 사방으로 포위하는 군사훈련을 벌이며 시위를 했다. 12월에는 바이든이 대만의 미국산 무기 구매를 지원하는 국방수권법에 서명했다. 이에 대응해 중국은 2023년 2월에 대만에 무기를 판매하는 미국 군수업체 록히드마틴과 레이시언에 제재를 가했다. 2023년 1월에는 미국 4성 장군 마이클 미니헌이 2025년에 중국이 대만을 침공할 가능성이 있다고 언급했다. 그러면서 대만을 둘러싼 미·중 전쟁에 대비해야 한다고 주장했다.

미국과 중국은 대만해협에서 군사작전을 펼쳐 왔다. 미국의 항공모함은 시시때때로 대만해협을 오간다. 대만해협은 국제 수역이기에 항행의 자유가 있다면서 말이다. 중국은 대만, 남중국해의 섬들, 댜오위다오 열도 등이 자국 영토라며 반발한다. "대만 문제는 중국의 핵심 이익"이라는 것이 중국 당국의 입장이다.

이처럼 최근 모든 면에서 대만을 둘러싼 갈등이 첨예해지고 있다. 이 장에서는 대만 문제가 무엇이고 언제 시작돼 지금의 위기에 이르게 됐는지 살펴보겠다.

대만 국가의 탄생과 미국의 지원

1949년 장제스의 국민당은 대륙에서 마오쩌둥의 중국공산당에 패배한 뒤 대만으로 후퇴해 이곳을 통치했다.

중국과의 경쟁 속에서 장제스는 강력한 국민국가를 빨리 건설해야 했다. 이를 위해 국가가 주도해 경제 발전을 이끄는 국가자본주의 체제를 구축했고, 계엄 통치를 통한 권위주의 체제를 확립했다. 이에 맞서 대중 저항이 벌어졌지만 장제스는 이를 폭력으로 진압하며 2만 명 이상을 학살했다(1947년 2·28 사건).

미국은 중국 대륙을 국민당이 통치하기를 바랐지만, 이것이 좌절되고 국민당이 대만으로 후퇴한 뒤에도 장제스를 계속 지원했다. 미국은 중국을 견제하고, 냉전 속에서 서방세계의 우월함을 보여 주는 본보기로 대만이 필요했다. 장제스 정권의 권위주의나 학살은 아무 문제가 안 됐다. 미국의 후원 덕분에 장제스는 국가 주도의 경제 발전을 추진할 수 있었다.

1949년 신중국이 탄생한 직후 중국과 대만의 관계, 이른바 양안 관계에는 군사적 긴장이 상당했다. 중국은 대만을 '미수복 지역'으로 여기며 점령하려 했다. 대만은 미국의 힘을 빌려 중국에 군사적 위협을 가했다. 이는 1954~1955년 1차 대만해협 위기와 1958년 진먼다오 상호 포격전(2차 대만해협 위기)이라는 직접적 무력 충돌로 이어졌다. 그 뒤로 이런 무력 충돌은 없었지만 팽팽한 긴장은 한동안 계속됐다.

1970년대, 가까워진 미국과 중국

미국과 중국의 관계는 베트남전쟁 때 크게 바뀌었다. 베트남전쟁에서 고전하던 미국은 소련을 견제하기 위해 중국의 도움이 필요했다. 그래서 미국은 중국에 접근하고 급속도로 가까워졌다. 1971년 핑퐁외교와 1972년 미국 대통령 닉슨의 중국 방문에 이어 1979년에 미국과 중국은 수교했다. 이때 미국은 '하나의 중국' 개념, 즉 대만은 중국의 일부라는 중국의 주장을 존중하기로 했다. 그리고 대만과는 국교를 단절했다.

그러나 미국이 대만을 포기한 것은 아니었다. 1979년 미국은 중국과의 수교를 계기로 대만과의 상호방위조약을 무효화했지만, 대만을 무력 지원하는 '대만관계법'을 제정했다. 대만관계법에는 대만의 자국 방위 열망을 충족시키고 필요시 미군이 자동 개입할 수 있도록 하는 조항이 있다. 미국이 대만에 무기를 판매할 수 있다는 문구도 포함됐다.

대만의 민주화

1949년 이후 약 40년 동안 대만은 미국의 후원에 힘입어 아시아의 신흥공업국으로 성장했다. 대만은 홍콩, 싱가포르, 한국과 함께 아시아의 4마리 용이라고 불렸다.

그 시기 거의 내내 대만은 국민당의 장제스와 그의 아들 장징궈가 통치했다. 그들은 국가보안법을 휘둘렀고 언론·출판·집회·결사의 자유를 억압했다. 본토 수복을 명분으로 전국 총동

원령 체제를 1991년까지 유지했다.

그러나 장제스·장징궈 부자의 권위주의 통치에 맞서는 민주화 운동도 꾸준히 발전했다. 국민당의 일당독재를 반대하는 활동가들은 국민당에 속하지 않고 선거에 입후보하는 '당외' 운동을 펼쳤다. 1977년에는 국민당의 선거 부정에 항의하는 시위인 '중리 사건'이 벌어졌다. 1979년에는 민주화 운동 세력이 발간하는 잡지 《메이리다오》가 주최한 거리 행진이 벌어졌다. 1986년에는 민주진보당, 줄여서 민진당이 창당했다. 민진당은 부르주아 야당 세력(당외 세력)뿐 아니라 대부분의 사회운동 세력을 포괄했다.

대만 경제가 발전하면서 노동계급의 규모가 커지고 1980년대 중반 이후에는 다양한 사회운동이 등장하면서 대만은 자본주의적 민주주의 체제로 이행했다. 1987년 7월 계엄령이 해제됐다. 1990년 3월에는 민주적 국회를 요구하는 들백합 운동이 전국에서 벌어졌다. 1992년 입법위원(국회의원) 선거에서 민진당이 161석 중 52석을 차지하며 약진했다.

92공식: 하나의 중국, 각자 해석

1970년대에 미국과 중국의 관계가 변하면서 양안 관계도 바뀌었다. 1979년 1월 미국을 방문한 덩샤오핑은 "대만 문제의 평화적 해결"을 강조했다. 이어서 1981년 9월에 중국은 대만 문제에 관해 일국양제라는 방침을 정했다. 즉, 한 나라에서 두 제도를 인정한다는 의미다.

대만에서는 평화통일, '삼통'(우편과 통신, 비행기, 무역 개방), 친척 방문 등에 대한 대중적 지지가 있었다. 1987년 11월 대만은 자국 국민의 중국 본토 친척 방문을 허용했고, 양안 간 민간 교류도 크게 늘어났다. 1990년대부터 이윤율이 하락하던 대만 기업들은 중국의 광둥성과 푸젠성 등지에 있는 양질의 저임금 노동력을 이용하려고 중국 투자를 대폭 늘렸다. 2002년이 되면 중국은 대만의 제1 무역 상대국이 됐다.

이런 교류 증대 속에서 1992년 중국과 대만은 "하나의 중국, 각자 설명一個中國 各自表述"이라는 합의에 이르렀다. 이는 양안 관계를 규정하는 '92공식'이라고 불린다. 이 말을 쉽게 풀면, 하나의 중국을 인정하되 그 의미는 양국이 각자 알아서 해석한다는 뜻이다.

그러나 양안 관계가 개선의 방향으로 매끄럽게 흐른 것은 아니다. 한편으로는 전쟁 위기가 고조되기도 했다. 1995년에 3차 대만해협 위기가 벌어진 것이다. 당시 대만 총통 리덩후이가 중국의 반대를 무릅쓰고 미국을 방문하고 중국과 대만은 별개 국가라고 주장했다. 그러자 중국은 대만 근처인 푸젠성에 병력을 모으고 대만 가까이로 미사일을 쐈다. 이듬해인 1996년에 열릴 대만 총통 선거에 영향을 미치고 독립 주장을 약화시키려는 것이었다. 대만 전역에서 준전시태세가 발령됐고, 미국은 대만해협으로 항공모함 2개 전대를 보냈다.

이런 일은 더 근본적으로 1970년대 소련을 고립시키려고 중국과 가까워졌던 미국이 냉전 해체 이후 중국을 점점 더 위협으로 보게 된 것에서 비롯한 것이다.

국민당과 민진당

이렇게 모순된 상황이 전개된 1990년대를 지나면서 국민당은 중국과의 경제 교류를 강화하며 '하나의 중국'을 지지하는 입장으로 바뀌었다. 반면 민진당은 대만이 중국과는 별개 국가임을 강조했다. 1990년대 중반부터 대만 대중의 정서도 조금 변했는데, 자신을 중국인으로 여기는 사람보다 대만인으로 여기는 사람이 더 많아졌다. 독재 정권에 억압당한 경험과 중국의 위협에 대한 반발 때문이었다. 2000년 총통 선거에서는 처음으로 민진당이 승리해 천수이볜이 총통으로 당선했다.

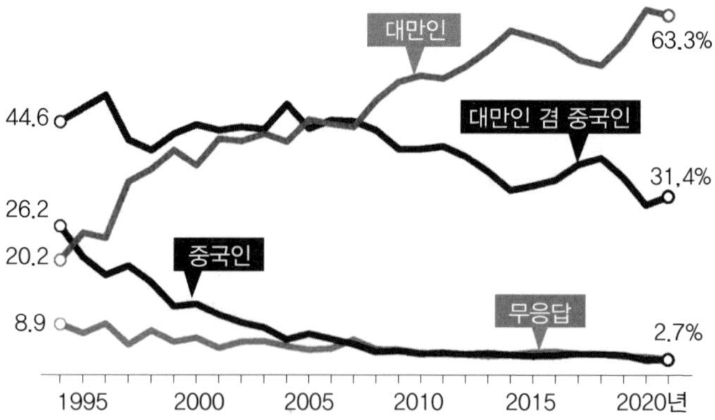

대만인의 정체성 인식 변화

출처: 대만 정치대학 선거연구센터 여론조사

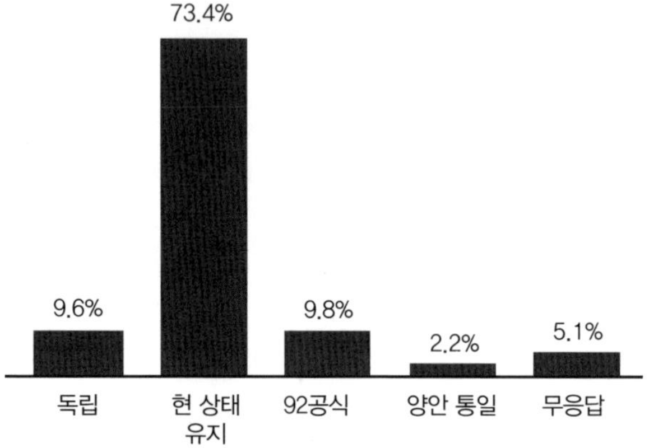

대중이 바라는 양안 관계

2023년 2월 / 출처: 美麗島電子報

그림 10-2. 양안 관계에 대한 대만인들의 정서 변화.

그러나 대만인들의 정서가 독립 쪽으로 기운 것은 아니다. 대만인 압도 다수는 양안 관계의 현상 유지를 바란다. 대다수 대만인들은 현 상태가 독립이라고 여기고 있기 때문에 굳이 독립을 표방해 중국과 불필요한 마찰을 빚기를 바라지 않는다.

대만 사람들은 2000년대 민진당 정부 아래에서도, 2010년대 국민당 정부 아래에서도 저항을 벌였다.

2006년에는 천수이볜 정부의 퇴진을 요구하는 운동이 벌어졌다. 계기는 천수이볜의 부정부패였지만, 그 배경에는 경제 정체, 실업 급증, 빈부 격차 확대에 대한 불만이 있었다. 이 운동은 100만 명이 참가하는 시위로까지 발전했지만, 민진당의 영향력에서 벗어나지 못하고 사그라졌다.

그 뒤 2008년에는 국민당의 마잉주가 총통이 됐다. 정권은 바뀌었지만 신자유주의 정책을 추진하는 것은 똑같았다. 그래서 청년 일자리 감소, 실업 증대, 생활수준 하락 등에 대한 불만이 누적됐다. 이는 2014년 3월 대학생과 사회운동 활동가 300여 명이 입법원(국회)을 점거하고 농성한 해바라기 운동(일명 태양화 운동)으로 표출됐다. 해바라기 운동은 중국과 대만이 자유무역협정의 일종인 양안서비스무역협정CSSTA을 체결하는 것에 반대하는 운동이었다. 점거 농성자들은 이 협정이 발효되면 서비스 분야의 규제가 완화되고 시장 개방이 대폭 확대돼 대만 경제가 중국에 종속될 것이라고 주장했다.

그 뒤 2016년에 열린 총통 선거에서는 민진당의 차이잉원이 당선했다. 2014년 홍콩에서 벌어진 '우산 운동'의 영향도 있었다. 그러나 차이잉원은 임기 내내 지지율이 10퍼센트를 간신히 넘길 정도로 인기가 없었다. 법정 공휴일을 줄이는 노동관계법 개악안이 대중의 반발을 샀기 때문이다. 그래서 2020년 총통 선거에서는 국민당이 승리할 것으로 예상됐다. 그러나 2019년 홍콩에서 송환법에 반대하는 투쟁이 크게 벌어지고 중국에 대한 반감이 대만에서도 크게 증가하면서 차이잉원이 재선에 성공했다. 사실상 어부지리로 승리한 것이다.

양안 관계와 계급 분열, 연대의 정치

이처럼 민진당과 국민당은 국내 정치에서는 서로 비슷하게 노동 개악과 신자유주의 정책을 추진하는 친자본주의 정당들이다. 두 정당은 중국과의 관계를 어떻게 설정할 것이냐는 문제에서만 차이가 있고, 이를 활용해 지지를 획득하려 할 뿐이다.

대만 정치권은 중국과의 관계를 두고 두 입장으로 나뉘어 있다. 독립성을 더 강조하는 범록연맹(민진당, 시대역량 등)과 우호 관계와 통일을 지향하는 범람연맹(국민당, 친민당, 신당)이 그것이다. 노동계도 이런 공식 정치의 영향을 받아 친중국 입장의 단체와 독립을 강조하는 단체로 양분돼 있다.

대만인들은 대부분 대만이 중국과는 다른 별개의 국가라고 생각한다. 실제가 그렇다. 이 점에서 대만은 홍콩과 다르다. 또 대다수 대만인들은 중국의 한인들과 인종도 다르지 않고 민족 억압을 받지도 않는다. 이 점에서 대만은 신장위구르나 티베트와도 다르다. 또한 현재 대만에서 외성인과 본성인* 사이에 구조적 차별은 존재하지 않는다.

대만 문제는 제국주의 강대국인 미국과 중국 사이에 끼어 있으면서 양국의 영향력에 휘둘리며 압박을 받는 문제인 것이다.

중국은 건국 100주년인 2049년까지 대만을 중국에 복속시키겠다는 계획을 내놨다. 이는 제국주의적 강제다. 현재 대다수 대만인들은 권위주의적 시진핑 정부에 반대하며 중국공산당의 지배도 중국과의 통일도 원하지 않는다. 중국과 통일을 할지 현 상태를 유지할지는 대만 사람들이 스스로 판단해 결정할 문제다. 그런데도 중국 지배계급은 대만이 청 왕조 때 중국의 일부였으

---

* 1949년 장제스를 따라 대만에 온 중국 출신 본토인을 외성인이라 하고, 그 전부터 대만에 살던 중국 본토인을 본성인이라 한다. 본성인의 다수는 푸젠성 남부 출신(민난인)이다.

므로 중국에 통합돼야 한다고 주장한다. 티베트와 신장위구르에도 똑같은 논리를 적용한다. 자신들의 제국주의적 이해관계를 합리화하는 것인데, 1949년에 제국주의와 봉건제를 무너뜨리고 해방을 이뤘다고 하는 국가가 청 왕조의 질서를 근거로 내세우는 것도 얼토당토않은 일이다.

지난 수십 년 동안 아시아 지역, 특히 중국과 동남아시아 지역에서 경제 발전이 활발하게 이뤄지면서 이 지역은 제국주의 열강의 각축장이 됐다. 제국주의적 패권을 위해 산업 경쟁력을 높여야 하는 중국으로서는 반도체 강국인 대만이 절실히 필요하다. 대만은 중국에게 정치적·지정학적으로뿐 아니라 경제적으로도 중요한 곳이다. 시진핑은 일대일로를 내세워 제국주의적 패권의 열망을 드러내면서 대만에 대한 압박을 강화하고 있다.

미국 또한 이 지역에 걸린 이해관계를 결코 놓으려 하지 않는다. 미국은 대만을 동남아 지역에서 중국을 견제할 교두보로 여긴다. 1970년대에 중국과 수교할 때부터 이를 염두에 뒀고, 중국과의 경쟁이 첨예해지면서 대만 문제를 더 부각하고 있다. 미국에게 대만은 중국을 압박하는 카드이자 최대 무기 판매처이고, 유사시에 미국 군대가 작전을 펼칠 수 있는 곳이다. 최근 미국 고위 정치인들의 대만 방문이 이어지는 것은 이 때문이다.

이런 상황에서 대만의 노동계급과 좌파는 중국에 대한 견해

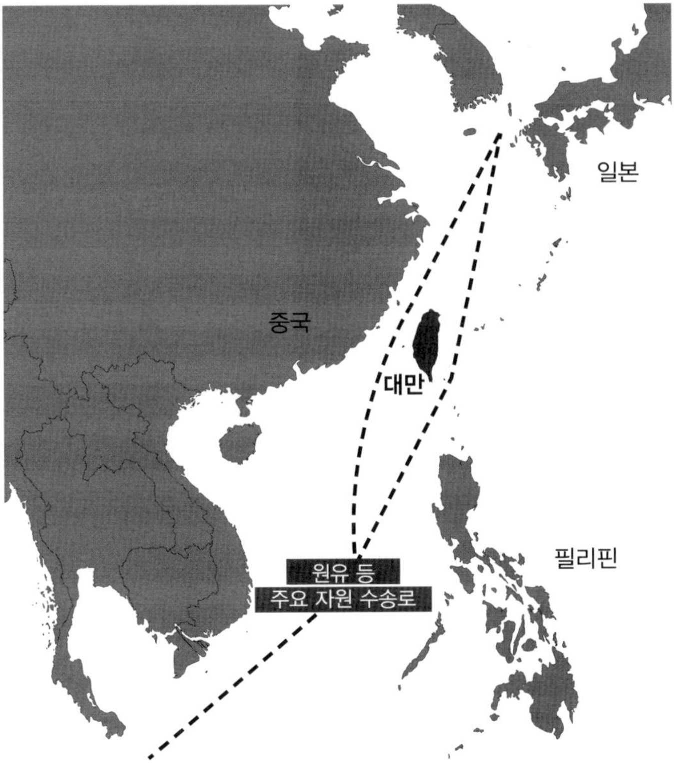

그림 10-3. 대만은 인도양-남중국해-동중국해로 이어지는 주요 자원 수송로의 한복판에 있다.

차이를 이유로 분열해선 안 된다. 대만 지배자들이 추진하는 친자본·반노동 정책에 반대하고, 미국 제국주의와 중국 제국주의 모두에 반대해야 한다. 그리고 중국 본토와 홍콩의 노동자들과 연대하는 정치를 발전시켜야 한다.

11장
소수민족과 저항

2019년 말 언론인 단체인 국제탐사보도언론인협회가 중국 측 극비 문건 일부를 폭로한 일이 있었다. 그 문건에는 신장 지역 수용소 운영 매뉴얼이 포함돼 있었다. 이를 통해 그동안 풍문으로 떠돌던 수용소의 존재가 사실로 확인됐다. 중국 정부는 그 수용소가 직업훈련소라고 주장한다. 그렇지만 중국 내 정치적 반대자들은 신장 지역 저항운동가들을 가두는 감옥이나 노동교화소라고 주장한다. 또 다른 사람들은 그 수용소가 위구르인을 멸절시키려는 인종 청소 기관이라고도 주장한다. 아무튼 그게 정확히 뭔지는 확인되지 않고 있다. 중국 정부가 수감자의 정보와 수치를 제공하지 않기 때문에 다들 그저 추측과 추정을 할 따름이다.

중국 정부의 위구르인과 티베트인 억압은 국제 정치의 중요한 쟁점이다. 물론 서방 정부들이 중국의 민족 억압을 비난하는 것은 악어의 눈물일 뿐이다. 그들은 중국을 깎아내리려고 '인권' 운운하는 것일 뿐이다. 게다가 일부 통계적 오류와 확증 편향이

담겨 있어서 서방 정부들의 주장을 액면 그대로 받아들일 수는 없다. 그러나 그렇다 하더라도 중국 정부가 의심쩍게도 신장 지역에 매우 억압적인 수용소를 수십에서 수백 곳이나 건설해 운영한다는 것만큼은 사실이다.

중국공산당은 과거에 서방 제국주의를 몰아낸 민족 해방 혁명을 이끌었고, 지금까지도 '사회주의'를 표방하고 있다. 그런데 왜 위구르인과 티베트인 등 소수민족의 자결권을 인정하지 않고 이토록 억압할까?

소수민족 지역의 경제적·지정학적 중요성

먼저 중국의 소수민족 정책을 살펴보자. 오늘날 중국에서 한족이 아닌 소수민족은 전체 인구의 8퍼센트밖에 안 된다. 그러나 그들이 주로 거주하는 지역은 중국 전체 면적의 63퍼센트에 이른다.

중국 정부는 중국의 인구가 한족과 그 외 55개 소수민족으로 이뤄져 있다고 주장한다. 그러나 이는 소수민족들을 한족 중심의 국가로 통합하려고 전체 인구 집단을 자의적으로 분류한 것일 뿐이다. 중국공산당은 한족과 소수민족들이 하나로 묶여 '중

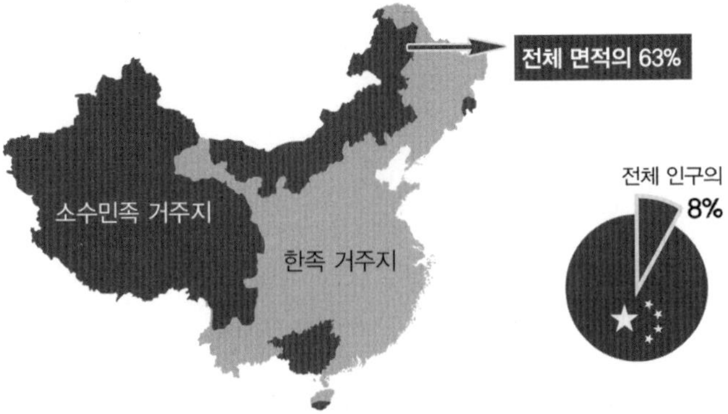

그림 11-1. 중국 소수민족의 주요 거주지와 인구 비중.

화민족'이라는 '사회주의 대가정大家庭'을 이룬다고 주장해 왔다. 2018년 헌법 개정 때는 아예 '중화민족'이라는 표현을 헌법에 삽입했다. 그러나 한족, 후이족, 좡족, 만주족 등이 있을 뿐이지, '중화민족'은 존재한 적이 없다. '중화민족'은 한족 중심의 강제적 소수민족 통합을 정당화하는 용어일 뿐이다.

물론 중국 정부는 티베트나 신장 지역 등 일부 소수민족 지역을 명목상 자치구로 지정했다. 그러나 자치권을 실제로 보장한 적은 없다. 자치구는 중앙정부의 강력한 통제를 받아야 하고, 실권은 대부분 현지 한족 관리들 손에 있다.

중국공산당이 처음부터 소수민족을 차별하고 억압한 것은 아니다. 1921년에 창당된 중국공산당은 그에 앞서 1917년 러시아

그림 11-2. 소수민족 지역의 풍부한 자원.

혁명을 성공시킨 볼셰비키의 영향을 받았다. 그래서 소수민족의 분리 독립을 포함한 자결권을 무조건 옹호했다.

그렇지만 1925~1927년 중국 노동자 혁명이 패배한 후, 중국공산당은 도시에서 농촌 벽지로 도망갔다. 그 후 중국공산당의 성격은 노동자 정당에서 농민 정당으로 바뀌었다. 이데올로기도 혁명적 사회주의에서 한족 민족주의로 바뀌었다. 그래서 1949년 혁명으로 대륙 전체를 장악할 무렵에는 기본 입장을 완전히 바꿨다. 어떤 지역도 중국에서 분리될 수 없다고 공식적으로 선언한 것이다. 당시에 마오쩌둥은 마치 한족 우월주의에 반대한다는 듯이 다음과 같이 말했다. "중국은 인구가 많은 한족과 자원이 풍부한 소수민족으로 이뤄져 있다. 인적 요소 없이는 물질적 요소를 활용하거나 이용할 수 없다. 위대한 사회주의 조국을 건설하기 위해서는 한족과 소수민족 사이에 좋은 관계를 형성해야 한다." 그러나 그 진정한 속내는 신생 독립국의 경제 발전을 위해 소수민족 지역의 자원을 활용해야 한다는 것이었다.

이런 경제적 필요는 오늘날에도 여전하다. 신장과 티베트에는 석유, 천연가스, 비철금속 등 천연자원이 풍부하다. 그리고 몽골인이 많이 사는 네이멍구자치구에도 석탄, 석유, 천연가스 등이 대규모로 매장돼 있다. 네이멍구자치구에는 희토류도 풍부하다. 희토류는 최근 국제적으로 경쟁이 격화된 반도체 산업의 핵심 재료다.

중국공산당이 소수민족 지역을 지배하고자 한 데에는 지정학적 이유도 있다. 티베트와 네이멍구는 중국이 지역 패권을 두고 갈등을 벌이던 인도나 옛 소련과의 접경 지역이고, 신장과 티베트는 중앙아시아와 인도양으로 향하는 중요한 통로 구실을 하는 지역이다. 또한 중국의 중요한 강인 양쯔강, 황허강, 화이허강은 물론이고 인도의 갠지스강, 동남아시아의 젖줄인 메콩강의 수원水源도 티베트 등 소수민족 거주지에 있다. 특히 신장 지역의 경우, 중국 정부가 미국과의 경쟁 속에서 중요하게 추진하는 일대일로의 거점이 돼 지정학적으로 더 중요해졌다.

이 때문에 중국 정부는 소수민족들의 분리 독립은 물론이고,

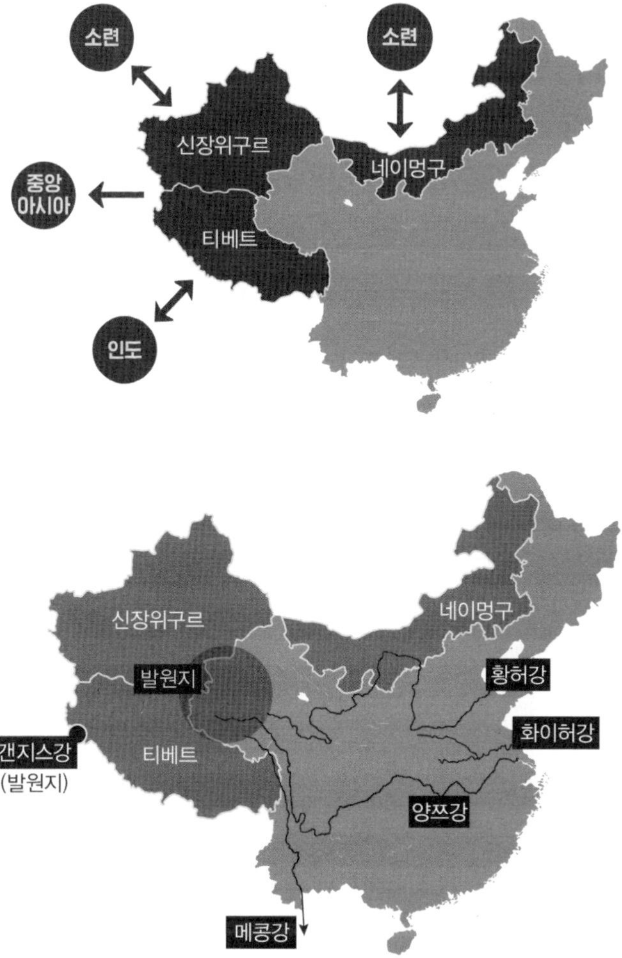

그림 11-3. 소수민족 거주지는 주요 열강과의 접경지대거나 주요 강들의 발원지다.

이 지역들에서 분란이 일어나 조금이라도 질서가 어지럽혀지는 것을 절대 용인하려 들지 않는 것이다.

중국공산당의 태도 변화

중국의 민족 정책은 시기에 따라 그 구체적 양상이 조금씩 변해 왔다. 이 변화는 중국의 여러 국내 사정, 그리고 제국주의 경쟁 상황과 관계있다.

1949년 권력 장악 후 잠시 동안 중국공산당은 형식적이나마 자치구를 설정하고, 독자적 문화와 언어를 보장하고, '한 자녀 정책'의 적용에서 면제해 주는 달래기 정책을 폈다.

그러나 1958~1961년의 대약진운동과 1966~1976년의 문화혁명 기간에는 그 알량한 자치권마저 축소되거나 사라졌다. 중국공산당이 내놓은 명분인즉, 소위 "사회주의 사회에서 민족적 차이는 없어져야 할 구분이며 종교에 기반한 자치도 변화시켜야 할 계도啓導 대상"이라는 것이다. 문화혁명 기간에 티베트에서는 많은 사찰과 불상이 파괴됐다. 신장 지역에서는 이슬람 예배당인 모스크가 파괴되거나, 심지어 무슬림들에게 모욕적이게도 돼지 사육장으로 바뀌어 버렸다. 네이멍구에서는 소련과 몽골의 도움을 받아 독립을 꾀한다는 혐의로 네이멍구인민혁명당이 박해를 받아 적게는 1만 6000명, 많게는 5만 명이 살해되는 등 무려 35만 명이 탄압을 받았다.

1980년대에는 유화 조치가 시행됐다. 그렇지만 1991년 소련 붕괴로 중국의 인접국들인 중앙아시아 공화국들이 독립하자 중국공산당의 태도는 다시 강경해졌다. 중앙아시아 공화국들의 독립이 위구르인과 티베트인 등을 자극해서 소련 해체 같은 일이 중국에서 벌어지는 것은 한사코 피하고 싶었던 것이다. 2000년대에는 그나마 있던 당근책들마저 거둬들이고, 표준 중국어 교육을 강요했다.

최근에 중국 정부는 대大중화주의 사상을 널리 퍼뜨리며 동화 정책을 강화하고 있다. 첨단 기술을 이용해 위구르인들에 대한 단속을 강화하며 조그마한 저항조차 초강경 탄압을 한다. 소수민족의 저항을 모두 "분리주의 책동"이라고 비난하며 "준엄한 타격"이라는 기조로 대응하고 있다. 이 모든 조치들은 중국이 미국과의 제국주의적 경쟁을 위해 내부 단속을 하려고 벌이는 일이다.

2021년 8월 시진핑은 7년 만에 중앙민족공작회의를 열었다. 중앙민족공작회의는 소수민족 정책을 다루는 중국공산당 내 최고위급 회의다. 그 회의 석상에서 시진핑은 다음과 같이 강조했다. "중화민족 공동체 의식을 수립하고 국가 통일과 민족 단결을 이루는 사상적 만리장성을 구축해야 한다." 그때부터 시진핑은 줄곧 국가 통일과 민족 단결을 강조하고 있다.

소수민족의 민족주의와 저항

중국에서 한족 민족주의는 19세기 후반부터 20세기 초까지 서구 제국주의 열강의 억압에 반발하며 생겨났다. 마찬가지로 중국 내 소수민족들의 민족주의도 외세의 억압 속에서 형성됐다. 예를 들어, 1920년대에만 하더라도 위구르인 정체성은 신장 주민들 사이에 널리 퍼져 있지 않았다. 그렇지만 1912~1949년 중국 군벌 정권의 지배를 받으며 민족주의 정서가 강해졌다. 티베트에서 불교는 티베트인들이 중국 지배에 대한 반대를 표현하는 주요한 통로가 되면서 더 강화됐다.

중국 내 위구르인, 티베트인, 몽골인은 고유한 민족 정체성을 갖고 있다. 티베트인들은 '역사적 티베트'(또는 대大티베트로 현재 칭하이성, 간쑤성, 쓰촨성, 윈난성을 아우르는 지역)를 자신들의 영토로 여긴다. 위구르인들은 신장 지역이 원래는 동투르키스탄이며, 서쪽의 키르기스스탄과 타지키스탄 등에 사는 튀르크

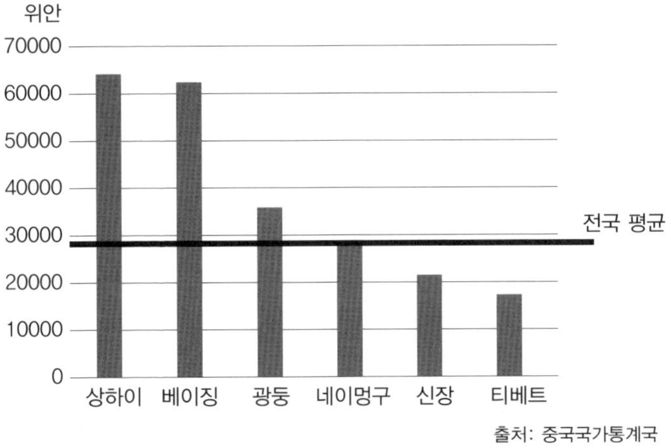

그림 11-4. 지역별 1인당 가처분 소득(2019년).

인들과 같은 민족이라고 여긴다.

위구르인, 티베트인, 몽골인은 자신들의 역사적·문화적·종교적 전통이 중국 정부에 의해 훼손되고 침해받을 뿐 아니라 경제 발전에서도 소외돼 있다고 여긴다. 그들이 주로 거주하는 신장위구르자치구, 티베트자치구, 네이멍구자치구 세 지역의 경제 수준은 중국의 32개 행정구역 가운데 최하위에 속한다. 이 지역들로 이주한 한족을 제외한다면 1인당 소득수준은 더 끔찍할 것이다. 신장의 위구르인들은 "금사발을 들고 있는 굶주린 사람들"로 흔히 묘사된다. 신장 지역에 지하자원이 많지만 자원 개발

이득을 한족이 다 가져가기 때문이다. 요즘 신장은 중국의 최대 면화 생산지이고, 중국에서 네 번째로 큰 석유 생산 지역이다. 2000년 이래로 중국 정부는 서부대개발 프로젝트를 통해 신장과 티베트에 매장돼 있는 광물자원을 개발하고 육상 실크로드 건설을 위한 교두보 건설에 매진했다. 그 과정에서 한족 인구의 이주가 증가하고 그들의 소득수준이 높아졌다. 그렇지만 위구르인과 티베트인의 삶은 거의 개선되지 못했다.

그래서 세 지역의 소수민족들은 중국 정부의 민족 억압에 반대해 저항을 벌여 왔다.

1959년 티베트 라싸에서 일어난 봉기가 대표적 사례다. 원래 1951년 중국공산당 정부는 티베트의 최고 지도자 달라이 라마와 17개 조항을 놓고 합의를 했다. 골자는 중국 측이 티베트 지배계급을 인정하며 자치 정부를 약속하는 대가로 달라이 라마는 중국의 통치를 받아들인다는 합의였다. 그러나 중국 정부의 강제적 토지 집산화와 유목민 정착 강요, 티베트 내 중국공산당 관료들의 차별적 행태 등에 반발하며 1955년 말부터는 티베트인들의 투쟁이 빈번하게 벌어졌다. 그리고 마침내 1959년 대규모 항쟁이 분출하는 데 이르렀다. 항쟁이 실패하자 달라이 라마는 지지자들을 이끌고 인도로 가서 망명정부를 세웠다. 그러나 그 뒤로도 티베트에서는 저항이 끊이지 않았다. 2008년에는 티

그림 11-5. 2009년 7월 우루무치 시위를 진압하기 위해 동원된 중국 경찰.

베트자치구를 넘어, '역사적 티베트'로 불리는 지역들로 시위가 번져 나갔다.

최근에는 신장 지역에서 빈번하게 저항이 일어나고 있다. 2009년 우루무치에서 일어난 위구르인들의 대규모 시위가 대표적 사례다. 중국 정부의 강경 탄압에 절망한 일부 위구르인들이 그 후 자살 폭탄 공격 등을 벌이기도 했다.

2020년 5월 네이멍구에서는 몽골어 교육을 폐지하고 표준 중국어로 교육하도록 강요하는 조치에 반대하는 시위가 벌어졌다.

이런 저항들에 대해 시진핑 정부는 강경 탄압으로 대응하고 있다. 특히 위구르인들의 저항을 모두 '테러'로 규정하고, 많은 위구르인을 앞서 언급한 수용소로 몰아넣었다. 또 신장 지역에 많은 검문소를 세우고, 첨단 장비를 이용해 위구르인들의 신원과 동선을 확인하며, 휴대폰 앱을 감청하고 있다. 그러나 그렇게 내리누르고 차별이 강화될수록 위구르인들의 해방 염원은 더 커질 뿐이다.

소수민족의 자결권

중국 정부가 위구르인과 티베트인 등의 자결권을 인정하지 않고 억압하는 문제는 결국 제국주의 문제다. 중국 국가도 서방 국가들처럼 자국의 제국주의적 이해관계를 위해 소수민족을 억압하고 있는 것이다. 전 세계 사회주의자들과, 특히 한족에 속하는 중국 좌파는 중국공산당 당국의 소수민족 억압에 반대하고 분리 독립을 포함한 소수민족 자결권을 무조건 옹호해야 한다.

일부 좌파는 중국 당국의 소수민족 억압을 애써 못 본 척하거나 서방 정부와 언론의 의도적 왜곡으로 치부한다. 대개 그들은 중국을 사회주의 사회이거나 적어도 서방보다 진보적인 사회라고 보는 경향이 있다. 그렇지만 중국 사회는 본질이 서방과 똑같은 자본주의 사회이며, 중국 국가는 미국과 패권을 다투는 제

그림 11-6. 2022년 11월 우루무치 화재 당시 전국에서 벌어진 희생자 추모 시위 가운데 하나. 사망자 전원이 위구르인이었지만 시위 참가자의 다수는 한족이었다.

국주의 국가다.

비록 티베트 민족운동을 전근대적 정교일치 사회를 지향하는 겔룩파 불교가 주도하고 위구르인 저항의 중심에 이슬람주의자들이 있더라도, 억압받는 민족의 저항은 제국주의 지배자들에게 타격을 입힐 수 있다. 그러므로 세계의 사회주의자들은 중국 제국주의에 맞선 소수민족의 해방을 지지해야 한다.

중국의 소수민족들은 서방 제국주의에 기대어서는 해방을 이룰 수 없다. 가령 미국은 중국의 소수민족 인권 탄압을 명분으로 대중국 경제제재를 한다. 그러나 그런 제재는 소수민족이든 한족이든 평범한 중국 인민을 훨씬 더 큰 고통에 빠뜨릴 뿐이다.

중국의 한족 노동자들이 소수민족 자결권을 지지하는 것이야말로 지배계급의 이데올로기적 지배에서 벗어나 민족에 따른 분열 시도에 맞서 싸우는 데 결정적 도움이 될 것이다. 그러면 한족과 비한족 대중의 연대와 단결이 가능할 것이다. 2022년 11월 신장 우루무치에서 발생한 아파트 화재 사고에 분노한 한족과 소수민족이 함께 '백지 시위'를 벌인 것이 그런 가능성을 보여주는 사례다. 1989년 톈안먼 항쟁 때에도 위구르인 청년이 운동의 핵심 지도자 중 한 명이었다.

한족 대중과 소수민족의 이런 연대와 단결 투쟁은 중국에서 기존 체제를 전복하고 진정한 사회주의 사회를 성취하기 위한 운동이 일어나는 데에 훌륭한 밑거름이 될 것이다.

12장

홍콩 항쟁의 역사적 배경과 의미

2019년 홍콩에서 송환법 반대 투쟁이 분출했다. 홍콩 행정부가 입법회(의회)에 제출한 송환법은 범죄인을 중국으로 보내도록 개정한 법안이었는데, 홍콩 사람들은 이 법이 명백히 홍콩의 진보 세력을 겨냥하는 것이라고 여겼다.

송환법 반대 시위는 급속히 커졌고 6월 9일 100만 명이 행진했다. 6월 15일에는 마르코 렁이라는 청년이 홍콩 정부 청사 근처에서 송환법 반대 현수막을 내걸고 자살하는 일이 일어났다. 그러자 그다음 날 200만 명이 거리로 나왔다. 홍콩 인구 740만 명 중 4분의 1 이상이 거리로 나온 것이다. 완강한 저항에 밀려 7월 초에 홍콩 행정장관 캐리 람이 법안을 폐기하겠다고 발표했다. 그러나 사람들은 캐리 람의 약속을 믿지 않았고, 항쟁은 연말까지 이어졌다.

중국 정부는 이처럼 거대한 대중적 저항에 밀렸지만, 이후 대대적 보복을 감행했다. 특히 2020년 국가보안법을 제정해 송환법 반대 세력들을 탄압하고 있다.

2019년 왜 그토록 많은 홍콩 대중이 거리로 쏟아져 나온 것일까? 그리고 2020년 보안법 제정 이후 홍콩 상황은 어떻게 변했을까? 이 장에서는 1997년 중국 반환 이후 홍콩 상황을 비롯한 2019년 항쟁의 근원을 돌아보고 항쟁의 정치적 의미를 짚어보려 한다. 2020년 보안법 도입 이후 상황과 앞으로의 전망도 살펴보겠다.

1997년 반환 이후의 홍콩

홍콩은 청나라가 아편전쟁에서 영국에 패한 후 1842년부터 영국의 식민 지배를 받았다. 그러다가 1997년에 중국에 반환됐다. 1997년 홍콩을 돌려받은 중국은 금융 허브로서 홍콩의 역할에 주목했다. 중국으로 들어오는 해외직접투자가 대부분 홍콩을 경유하기 때문이다. 2000년대 들어 중국 자본이 세계로 진출할 때도 홍콩을 거쳐 가는 경우가 많았다. 이제는 미·중 갈등이 첨예해지면서 해외에서 기업공개IPO를 하려는 중국 기업이 대부분 홍콩을 선택하고 있다. 홍콩의 금융 허브 지위를 강화하고자 중국 정부는 홍콩에서 친시장 정책을 강하게 추진했다. 홍콩 자본가와 다국적기업은 그로부터 혜택을 입었다. 그렇지만

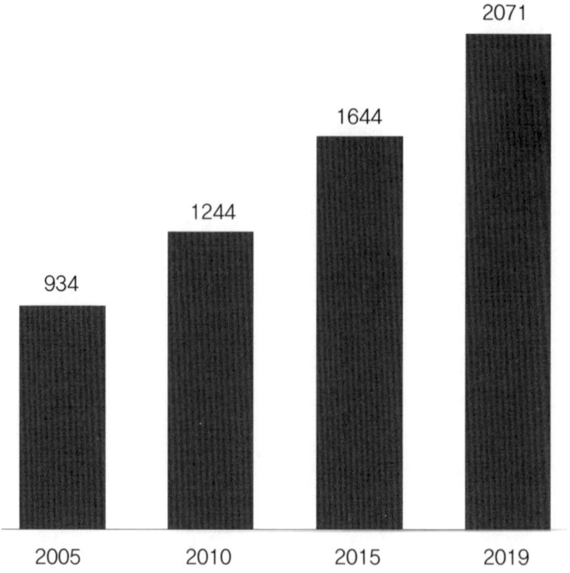

출처: 중국증권감독관리위원회(2019)

그림 12-1. 홍콩 증권거래소 상장 중국 기업 수.

홍콩의 노동자와 서민은 그러지 못했다.

중국 정부는 홍콩에 자치권을 보장하겠다고 약속했다. 그렇지만 자본의 투자와 유출입을 감독하기 위해 홍콩을 완전히 통제했다. 그래서 호시탐탐 홍콩의 민주적 권리를 후퇴시키려 했는데, 그때마다 대중적 저항에 부딪혔다. 2002년 중국 정부는 테러 방지 명목으로 홍콩 기본법에 국가보안법을 삽입하려 했다. 그러나 50만 명이 거리로 나와 항의하면서 이 시도는 좌절됐다. 2008년과 2009년 티베트와 신장위구르 자치구에서 거대한 해방운동이 벌어졌고, 2010년에는 중동에서 '아랍의 봄'이 분출했다. 그러자 중국 정부는 위챗 같은 SNS를 통제했고, 홍콩 중등학교의 사상 교육도 강화하려 했다. 그렇지만 당시 국민윤리 교육 도입 시도는 대중적 저항에 부딪혀 좌절됐다. 2014년에는 중국 정부가 홍콩 행정장관 직선제 약속을 뒤집은 것에 반발해 '우산 운동'이 일어났다. 청년들은 대중의 지지를 받으며 행정 중심지인 센트럴을 79일 동안 점거하는 투쟁을 벌였다. 비록 우산 운동은 패배했지만, 이 투쟁에 참가한 청년들이 바로 2019년 항쟁에서 중심적 구실을 하게 된다.

홍콩 항쟁의 사회적 맥락

2019년 2월 12일 홍콩 정부가 송환법을 내놓자 민간인권전선은 1만 2000명 규모의 반대 시위를 벌였다. 민간인권전선은 2002년 홍콩 행정부가 국가보안법을 도입하려 했을 때 시민·사회 단체들이 반대 운동을 하려고 만든 연대체다. 아무도 이 투쟁이 곧 수백만 명을 끌어들일 줄 몰랐다. 특히 청년들이 대거 참가했다. 홍콩 사회주의자 아우룽위는 이 청년들을 '97세대'라

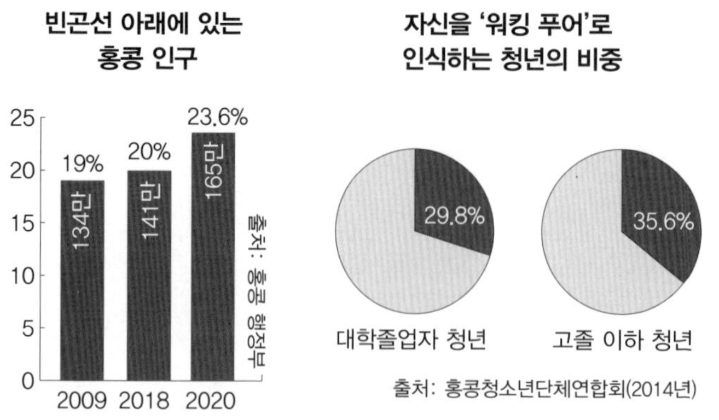

그림 12-2. 홍콩 항쟁의 배경에는 갈수록 심해지는 빈부 격차가 있었다.

고 불렀다.

흔히 홍콩 항쟁은 중국 정부에 대항하는 민주주의 투쟁이라는 측면만이 조명된다. 그러나 '97세대'의 광범한 참가는 홍콩 항쟁의 배경에 사회·경제적 요인이 중요하게 작용하고 있음을 보여 준다. 특히 빈부 격차 심화 문제가 2019년 항쟁의 배경에 있다. 2018년 홍콩 인구의 20퍼센트에 해당하는 141만 명이 빈곤선 아래에 살고 있었다. 청년 빈곤도 똑같이 심각했다. 홍콩청소년단체연합회의 청소년연구센터가 2014년에 발표한 보고서를 보면 대학 졸업자의 29.8퍼센트와 대학을 다니지 못한 사람의 35.6퍼센트가 자신을 '워킹 푸어'로 인식하고 있었다.

홍콩 대중이 이런 상황에 처한 이유는 홍콩 반환 이후 중국

그림 12-3. 당방 거주 인구는 22만 6000명에 달하며 평균 거주자 수는 3.38명이다 (2020년 홍콩 행정부 통계).

정부가 강력한 신자유주의 정책을 시행했기 때문이다. 홍콩 행정부는 법인세 감면 등 각종 기업 지원을 추진하면서 노년층 보조금 혜택은 줄였다. 홍콩은 저임금과 장시간 노동에도 법적 규제는 거의 없는 자본의 천국이었다. 중국 정부는 홍콩에 투자하는 자본을 위해 광저우-선전-홍콩을 잇는 고속철과 인공 섬 건설 같은 대규모 인프라 투자를 단행했지만, 청년과 빈곤층은 외면했다.

중국 대륙의 부자들이 홍콩으로 이주하면서 주택 가격이 치솟은 것도 홍콩 대중의 삶을 악화시켰다. 한 아파트를 여러 개의 방으로 쪼개서 임대하는 "당방劏房"에 거주하는 사람이 홍콩 항쟁 무렵 20만 명이나 됐다.

이런 상황에서 '97세대'는 "정치적 자치권"뿐 아니라 "경제적 자치권"이 부정당하는 현실에 절망과 분노를 느껴 왔다. 바로 이것, 즉 노동계급 등 서민층의 조건 악화가 2014년 우산 운동과 2019년 송환법 반대 운동의 주요 요인이었다.

중국과 홍콩의 대결?

홍콩 항쟁은 '홍콩인과 대륙 중국인 간의 대결' 또는 '홍콩 대 중국의 대결'이 결코 아니었다.

홍콩 자본가들은 자신의 대표권이 제한되는 것에 조금 불만이 있긴 하지만, 친시장적인 중국 정부와 홍콩 행정부에 대해 평범한 홍콩 대중과는 달리 거부감이 별로 없다. 기업주로서 겪는 일부 어려움은 입법회의 절반가량을 차지하는 직능대표를 통해 해결할 수도 있다.

한편, 중국 노동자들은 중국 정부가 홍콩 운동을 억압하는 것에서 이득을 얻지 못한다. 오히려 홍콩 운동이 파괴되는 것이 중국 대륙 노동자들에게도 해롭다. 홍콩의 좌파 활동가들은 선전과 광저우 등지에서 노동조합 설립과 파업 투쟁 지원 활동을 해 왔다. 2015년 광저우의 노동운동을 탄압한 시진핑 정부는 곧 이어 홍콩 좌파 세력을 겨냥한 송환법을 도입하려 했다. 이를 보면, 중국 정부가 홍콩의 저항운동과 광저우의 노동운동을 별개의 분리된 문제로 여기지 않음을 알 수 있다.

대륙 노동자와의 연대는 홍콩 운동이 전진하는 데 매우 중요하다. 중국 정부와의 타협을 통해 민주적 권리를 지킬 수 없다. 홍콩 정체성 추구도 결코 대안이 될 수 없다.

홍콩의 민주 세력들은 중국 정부와의 대화와 타협, 그리고 선거를 통해 민주적 권리를 지킬 수 있다고 생각했다. 하지만 중국 정부가 최근에 무자비한 탄압으로 나오자 무기력에 빠졌다. 이런 상황에서 홍콩 '본토주의localism' 경향이 등장했다. 학생 중심 단체들인 청년신정, 데모시스토, 본토민주전선 등이 이에 해당한다. 홍콩 본토주의 경향은 정치적 스펙트럼이 넓어 한마디로 규정하기 힘들지만, 대체로 중화주의에 대립되는 홍콩 정체성을 추구한다. 그러나 이런 사상은 중국 노동자들의 지지와 연대를 모으는 데 걸림돌이 될 것이다.

홍콩 사회주의자 람치렁은 홍콩 본토주의가 2019년 항쟁에서 다수의 지지를 얻지 못했다고 전한다. 소수였지만 대륙 노동자들에게 연대를 호소하는 시도가 있었다. 그런 활동가들은 대륙에서 온 관광객들에게 중국어 간체로 된 전단지를 배포하고 지지를 호소하는 활동을 하기도 했다.

홍콩 항쟁이 봉착한 문제들

이제 홍콩 항쟁이 어떻게 전개되고 어떤 문제에 봉착했는지 살펴보자.

저항에 부딪힌 캐리 람은 송환법을 철회하겠다고 7월 초에 약속했다. 그렇지만 경찰 폭력 조사, 시위자 석방, 폭동 규정 철회, 사퇴 요구 등을 받아들이지 않았다. 시위대를 향한 경찰 폭력도 더 심해졌다. 그러나 홍콩 대중은 저항을 이어 갔고 진정

그림 12-4. 8월 5일 총파업을 호소하는 다양한 포스터.

한 변화를 쟁취할 잠재력을 보여 줬다. 8월 들어 공무원, 간호사, 금융 부문 등의 노동자들이 시위를 벌이기 시작했다. 8월 5일에는 첫 성공적 총파업이 벌어졌다. 홍콩에서 50년 만에 벌어진 정치 파업이었다.

그렇지만 안타깝게도 9월로 예정됐던 2차 총파업은 무산됐다. 시위대와 경찰이 거리에서 팽팽한 대결을 벌이고 있던 그때 2차 총파업이 성공했다면 투쟁이 전진할 수 있었을 것이다. 노동자 투쟁이 주춤하는 사이에 학생들이 이어받은 저항은 11월 홍콩중문대와 홍콩이공대 전투에서 안타깝게도 패배를 겪었다.

물론 그 뒤로도 민주주의에 대한 대중적 열망은 식지 않았다. 민간인권전선의 호소에 따라 수십만 명이 거리로 나왔고, 11월 구의원 선거에서 민주파 의원이 452석 중 389석을 차지했다. 그러나 대중운동은 중국 정부의 지속적인 탄압으로 서서히 가라앉았다.

홍콩 항쟁이 반년 이어지는 동안 국제 좌파들은 대부분 방관하며 사실상 지지하지 않았다. 중국을 미국의 견제자로 보기 때문일 수 있고, 홍콩 항쟁 참가자들을 친서방으로 보기 때문이었을 수도 있다.

홍콩 항쟁이 벌어진 2019년은 미·중 무역 전쟁이 한창이던 때였다. 홍콩 민주화 진영 내에는 미국에 '홍콩 인권·민주주의 법안' 통과를 호소하는 사람도 실제로 있었다. 어떤 신문은 "트럼프가 홍콩을 구원하다"라는 해시태그를 달기도 했다. 그러나 이런 입장은 시위 참가자 중 소수에 지나지 않았다. 그들을 근거로 홍콩 항쟁을 친미적이라고 규정할 수 없다. 한국의 윤석열 퇴진 촛불 집회에 민주당 인사들이 참가한다고 해서 그 운동을 민주당 집회라고 규정할 수 없는 것과 같은 이치다.

트럼프와 바이든 같은 미국 정치인들이 '홍콩 인권·민주주의 법안'을 만들었다고 해서 홍콩 항쟁을 진정으로 지지하는 것으로 착각해선 안 된다. 미국은 중국과의 제국주의적 경쟁에서 승리하려고 홍콩 항쟁을 이용하는 것이지 홍콩 대중의 인권과 민주주의에 실제로 관심이 있는 것은 아니다.

항쟁 이후의 홍콩

2019년 말 이후 홍콩 항쟁은 중국 정부의 지속적 탄압으로 점차 내리막길을 걷게 됐다. 게다가 2020년 1월부터 홍콩에서 코로나19가 퍼지자 시위가 취소되고 운동이 위축됐다.

시진핑과 캐리 람은 대대적 경찰 탄압과 팬데믹을 명분 삼은 집회 금지 같은 반격을 지속했다. 그리고 마침내 2020년 6월에 홍콩 입법회를 거치지 않고 국가보안법을 제정했다. 국가보안법은 국가 분열, 국가 정권 전복, 테러 활동, 외부 세력과의 결탁 같은 4가지 모호한 혐의를 처벌하는 법으로 최대 무기징역까지 선고할 수 있다. 2021년 153명이 국가보안법으로 기소됐고, 탄압에 직면한 50개 이상의 시민·사회 단체가 해산을 결정했다. 야당, 노동조합, 학생회, NGO, 종교 단체, 신문사 등이 여기에 포함됐다.

정부는 공무원과 교사에게 충성 서약을 강요했고, 중등학교에서 국민윤리 교육도 시작했다. 심지어 중국어 교육을 광둥어가 아닌 보통화(표준 중국어)로 하도록 했다.

2023년 2월 6일 전직 야당 의원과 활동가 등 47명에 대한 국가보안법 재판이 시작됐다. 2년째 구금된 이들에게 씌워진 혐의는 국가 정권 전복이다. 야권 후보를 정하기 위해 2020년 7월 실시한 예비선거를 두고 입법회 과반 의석을 확보해 홍콩 정부를 마비시킬 목적으로 조직된 정부 전복 계획이라는 혐의를 씌웠다.

중국 정부는 2021년에 아예 선거법을 개정해 친정부 인사만 홍콩 입법회 선거에 입후보할 수 있게 했다. 중국 정부가 홍콩을 돌려받을 때 했던 항인치항港人治港(홍콩인이 홍콩을 다스린다)과 고도자치高度自治(높은 수준의 자치) 약속은 완전히 물거품이 된 것이다.

향후 전망과 좌파의 과제

2014년 우산 운동에 이어 2019년 항쟁이 패배하고 엄혹한 국가보안법 탄압이 이어지고 있어 당분간 홍콩에서 대중운동이 벌어지기는 쉽지 않을 것이다. 그러나 모든 것이 원점으로 돌아간 것은 아니다. 항쟁의 원인인 대중적 곤경은 사라지지 않았고 항쟁은 상당한 사상적 자양분을 남겼다. 홍콩 청년들은 사회주의 사상에 귀를 기울이기도 하고 '신노조운동'에 적극 참가하고 있다. 신노조운동은 막 노동자가 된 신세대 청년들이 노동조합을 건설하는 운동을 말한다.

홍콩 항쟁은 정치적 과제와 교훈도 남겼다. 민주주의 운동의 발전을 위해 노동계급의 고유한 힘이 사용돼야 하고, 정치적 쟁점과 사회경제적 요구를 결합해야 한다는 것이다.

대륙 노동자들과의 연대도 중요하다. 홍콩은 이미 중국의 일부이고 중국 경제에 고도로 통합된 도시이기에, 홍콩의 미래는 중국 전체의 미래와 유기적으로 연결돼 있다. 홍콩 대중과 대륙 노동자의 연대 가능성은 분명 있다. 2022년 말 중국 대륙에서 '백지 시위'가 일어나 제로 코로나 정책을 추진하던 시진핑을 한 발 물러서게 만들었는데, 이런 사건들이 홍콩 항쟁 참가자들에게 희망과 용기를 줄 수 있다.

홍콩 항쟁은 정치의 중요성도 보여 줬다. 미·중 갈등이 첨예해지는 가운데 투쟁과 연대를 건설하려면, 중국이 서방 자본주의와 형태는 달라도 본질이 같은 국가자본주의 체제임을 인식하고 중국과 미국 간 갈등을 제국주의 경쟁으로 파악하는 정치가 필요하다.

지금 홍콩 대중은 어려운 시기를 경과하고 있지만 다음번 투쟁은 2019년 항쟁이 끝난 지점에서 시작될 수 있을 것이다. 그리고 그 과정에서 혁명적 조직이 대륙과 홍콩에서 등장할 가능성도 있다.

13장

중국 여성의 불평등한 현실

중화인민공화국이 들어선 이듬해인 1950년 5월 1일 중국에서는 농민의 염원인 토지개혁과 더불어 "하늘의 절반을 떠받치는 여성의 해방"을 가져다주겠다며 새 혼인법이 공표됐다. 혼인법은 부권으로부터 여성의 해방을 천명하면서 일부다처제나 매매혼 같은 봉건적 혼인 제도를 폐지하고 혼인의 자유, 일부일처, 남녀 평등의 원칙을 확립했다. 당시 중국공산당의 2인자인 저우언라이의 아내이자 전국부녀연합회* 부주석 덩잉차오는 "여성해방은 여성에게 최우선의 과제"라고 말하며 공산당 간부들에게 혼인법을 학습시키고 남녀 교제의 자유와 미혼 남녀의 연애의 자유를 강조했다.

신중국은 등장한 지 얼마 지나지 않아 세계 자본주의 체제

---

* **전국부녀연합회** 1949년 결성된 단체로 중국에서 여성을 대표하는 유일한 공적 여성 조직이다. 그 목적은 덩잉차오가 대표자대회에서 한 보고에 잘 나타나 있듯이 "주로 여성을 동원하고 조직해 도시의 경제 건설에 적합한 각종 생산 사업에 참가시키는 것"이다.

속에서 강력한 국민국가를 서둘러 건설해야 한다는 압력을 받았다. 더욱이 1956년 소련의 헝가리 침공을 보며 마오쩌둥은 소련의 간섭에서 벗어나야 할 필요성을 절감했다. 그 결과가 1955년부터 시작된 인민공사 추진과 1958~1960년의 대약진운동이었다.

1955년 마오쩌둥은 "'여성의 노동 전선 진출'에 부쳐"라는 글에서 다음과 같이 주장했다. "위대한 사회주의 사회를 건설하기 위해 많은 여성 대중을 생산 활동에 참가할 수 있도록 한 것은 큰 의의가 있다. 생산에서 반드시 남녀의 동일노동 동일임금을 실현해야 한다. 참된 남녀평등은 사회주의적 개조를 위한 전체 과정에서만 실현할 수 있다." 그러나 마오쩌둥의 진정한 관심사는 남녀평등이나 여성해방이 아니었다. 여성 노동력을 생산성 향상 과정에 활용하는 것이었다. 그는 1958년 대약진운동을 시작할 당시 "사람의 입은 1개지만 손은 2개"라며 "생산 향상에서 6억의 인구는 결정적 요소"라고 생각했다. 인구 증가를 위해 여성의 출산이 장려됐다.

1959년 인민공사가 본격화되면서 전체 여성의 95퍼센트가 인민공사에 소속돼 농업, 어업, 목축업, 임업 등에서 남성 노동자들과 큰 구별 없이 노동을 했다. 가사 노동을 줄여 여성 노동력을 활용하기 위해 공동 식당, 공동 세탁소, 공동 탁아소 등이 설

그림 13-1. 1959년에 만들어진 포스터. “우리는 광석과 함께 강철처럼 단련된다.”

치됐다. 또, 여성을 끌어내기 위해 “시대는 변했다. 남녀는 평등해졌다. 남성 동지가 할 수 있는 일은 여성 동지도 할 수 있다”는 주장이 널리 확산됐다. 이런 배경에서 ‘철의 처녀’나 ‘맨발의 의사’ 등 영웅적·헌신적 여성이 많이 배출됐다.

그러나 이런 겉모습과 달리 인민공사 내에는 여성 차별이 구조화돼 있었다. 인민공사에는 ‘노동점수체계’가 시행됐는데, 여성은 아무리 열심히 일해도 하루 7~8점밖에 받을 수 없지만 남성은 9~10점을 받을 수 있었다. 마오쩌둥이 말한 3가지 격차(정신노동과 육체노동, 도시와 농촌, 노동자와 농민) 외에도 또 다른 격차가 있었음을 뜻한다. 이렇게 여성 차별적인 노동점수체계는 여성이 육체적으로 남성보다 약하고 자원을 효율적으로 활용해야 한다는 이유로 정당화됐지만, 남녀평등의 구호 아래 중공업 육체노동 일자리에 여성 노동자들을 활용하는 것과는 모순됐다. 많은 자본주의 사회에서 그렇듯이, 중국에서도 저임금 일자리는 대부분 여성이 차지했고, 국유기업에서 해고할 때도 여성이 우선 대상이었다.

개혁·개방과 여성 처지의 변화

1978년 인민공사가 해체되고 시장경제가 발전하면서 전통적 성별 분업과 함께 매매혼, 축첩, 성매매 등 악습이 다시 등장하기 시작했다. 또한 사회 전반에서 여성에 대한 편견이 강화됐다. 여성은 계절에 관계없이 늘 치마를 입어야 한다거나 복장을 단정하게 해야 한다는 주장이 횡행했다. 이런 편견은 다른 사람에 대한 존중이라는 논리로, 또 회사 이미지 향상이라는 논리로 정당화됐다. 여성은 부드럽고 우아하게, 남성은 낮고 힘찬 목소리로 말해야 한다는 편견, 여성은 아름다운 외모를 갖고 아름다운 목소리를 내기 위해 몸과 목소리를 꾸며야 한다는 편견도 있었다. 최근 후난성에 속한 한 현의 책임자는 이런 현실을 지적했다. "우리 현에 있는 젊은 여성 7만 명이 광둥에 가서 일합니다. 그중에서 최소한 1만 명은 성매매를 한 적이 있습니다." 경제학자 양판은 전국에 '유흥업소 접대부' 여성이 500만 명 정도 있으며, 이것이 하나의 성 산업이 됐다고 주장한다. 절대 수치로 보면, 중국이 성매매 여성 수에서 세계 최고라는 주장도 있다.

1978년 개혁·개방 정책을 채택할 당시 중국 지배자들이 직면한 문제 하나는 경제성장으로 먹여살릴 수 있는 규모보다 더 많은 인구 증가였다. 대약진운동 때와 달리 이제는 많은 인구가 부담으로 작용했다. 이 문제를 해결하기 위한 한 가지 방편이 한 자녀 정책이었다. 1980년 개정된 새 혼인법 제2조에 "계획 출산을 실행한다"는 문구를 삽입했고, 제12조에 "부부 쌍방은 … 계획 출산을 실행하는 의무를 진다"고 명시했다. 새 혼인법은 "남성이 여성 가정의 일원이 될 수 있"고(데릴사위제), 아이에게 부모 중 어느 쪽의 성을 붙여도 무방하다고 규정했다. 출산을 줄이기 위해 중국의 전통적 부계제와 남아 선호 관습에서 탈피하려 노력한 것이다.

그렇지만 중국에서 여성의 처지가 중국 지배자들의 말뿐인 남녀평등이 아니라 경제 상황에 종속돼 있음을 1980년대 중반에 벌어진 '부녀회가婦女回家' 논쟁이 여실히 보여 줬다. 부녀회가

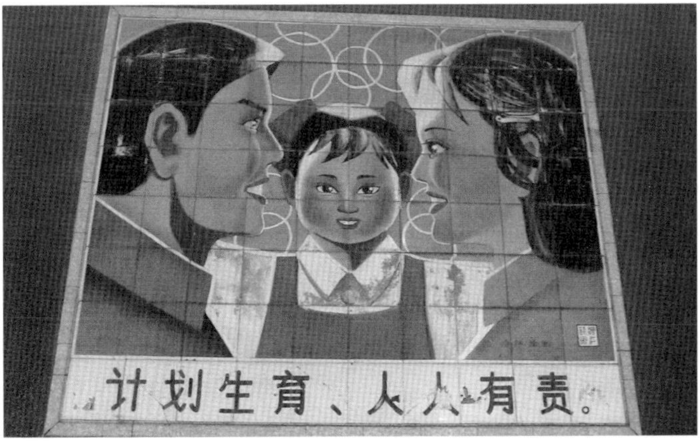

그림 13-2. 한 자녀 정책 당시의 포스터. "산아제한은 모두의 책임이다."

의 핵심은 노동력은 많아졌지만 일자리는 충분하지 않은 상황에서 여성이 가정으로 돌아가야 한다는 것이었다. 1988년 전국부녀연합회가 발간한 〈중궈푸뉘中國婦女〉는 시장 개혁으로 부유해진 농촌에서 여성이 전업주부로 전향한다는 르포를 자주 실으며 부녀회가를 강조했다. 이에 대한 반발도 있었다. 어떤 여성들은 "자식이 있는 여성을 집으로 돌아가게 함으로써 남성 중심으로 노동력을 효율적으로 재편성해 경제를 발전시키려는 의도"라고 비판했고, 또 다른 여성들은 "경제적 자립이 여성의 인간으로서 자립과 발전의 기반이 된다"고 주장했다. 현재 부녀회가 논쟁은 수그러들었지만 파트타임, 계절성 취로 등의 일자리에서는 여성 노동자가 다수를 차지하며 M자형 취업 패턴도 나타나고 있다.

오늘날 중국 여성의 현실

2000년대 들어 중국 경제가 비약적으로 발전하면서 다시 많은 노동력이 필요해졌다. 농촌의 잠재적 실업자들(농민공)이 이 필요를 충족시켰다. 농민공의 절반은 여성이다. 그리고 중국 경제 발전의 이면에 저임금 여성 노동자가 존재한다는 사실은 폭스콘 공장이 잘 보여 준다. 폭스콘은 애플의 부품업체로 중국에 4개의 공장을 보유하고 있는데, 고용하고 있는 노동자 80만 명의 대다수가 여성이다. 여성의 사회적 진출과 경제적 자립이 늘어나도 남녀 간 격차는 여전하다. 농민공 내에서도 여성의 임금은 남성의 77퍼센트밖에 안 된다.

오늘날 중국 여성의 사회적 진출이 증대하면서 여성의 권리가 확대되고 여성에 대한 편견이 줄어든 것은 사실이다. 그러나 양성평등은 여전히 요원한 일처럼 보인다. 아래의 사례는 여성 차별이 만연해 있는 중국의 현실을 일부만 보여 줄 뿐이다.

첫째, 여성의 실업률이 남성보다 높다. 중국은 '노동법'과 '기

그림 13-3. 농촌 출신 여성 노동자들이 주도한 2014년 광저우 대학 청소 노동자 파업. 2주간 파업해 해고를 막아 내고 임금 인상을 쟁취했다.

혼여성 권익보장법'으로 남녀평등을 추구한다고 하지만 현실에서는 성별 불평등이 여전하다. 시장 개혁 이후 여성의 취업률이 급격히 감소했다. 1990년 15세 이상 여성의 73퍼센트가 고용돼 있었지만 2017년에는 그 수치가 고작 61퍼센트밖에 안 됐다. 또 부녀회가 논쟁이 보여 주는 것처럼, 경제가 불황에 직면할 때마다 여성이 있을 곳은 가정이라는 주장이 등장하곤 했다. 그래서 실업자의 대다수는 항상 여성이었다.

둘째, 남녀 간 소득 격차도 여전하다. 도시 여성 노동자의 평균 소득은 1988년에는 남성의 84퍼센트였지만, 1995년에는 82

퍼센트, 2003년에는 81.9퍼센트로 계속 줄었다. 전국으로 보면, 여성 노동자의 월평균 소득은 2005년 남성의 67.75퍼센트밖에 안 됐다. 특히 농촌 여성은 도시 여성보다 소득도 낮고 남성과의 임금격차도 더 크다. 2005년 도시 여성의 소득은 남성의 72퍼센트였지만 농촌 여성은 65퍼센트였다.

셋째, 노동시장에도 남녀 불평등이 존재한다. 국유기업이 사영기업보다 남녀 임금격차가 작긴 하지만, 국유기업이나 집체기업의 구조조정 우선 대상자가 여성이라는 점은 널리 알려진 사실이다.

넷째, 사회보장에서 여성은 불이익을 받는다. 여성은 규정이나 관례에 따라 남성보다 5~10년 일찍 퇴직한다. 여성 노동자는 직장에서 제공하는 의료비, 의료보험, 퇴직금, 노후연금, 실업수당, 상해보험, 유급휴가, 주거비수당, 유급병가 등을 남성 노동자보다 적게 받는다. 여성의 농업 의존도가 크다는 점도 소득과 사회보장 등 사회경제의 자원 분배에서 여성이 불리함을 의미한다. 2005년 수정된 부녀권익보장법과 2003년 농촌토지청부법은 여성도 남성과 같은 토지사용권을 가진다고 규정해 놓았지만, 실제로는 모든 소득이 호구 단위와 호주 명의로 분배되고 있다.

다섯째, 여성의 빈곤 인구 비율도 남성보다 좀 더 높다. 여성 절대 빈곤 인구 비율은 2005년 8.48퍼센트, 2006년 7.3퍼센트로 남성보다 각각 0.28퍼센트포인트와 0.34퍼센트포인트 더 높다. 또 여성 저소득층 비율도 남성보다 높게 나타나고 있다.

2015년은 중국 여성들의 현주소와 시진핑 체제의 여성 억압적 면모를 적나라하게 보여 준 한 해였다. 중국 정부는 3월 8일 세계 여성의 날을 기념해 버스와 지하철에 성희롱 방지 스티커를 배포하려던 페미니스트 활동가 5명을 구속했다. 국내에서 페미니스트 활동가들을 탄압하면서도 시진핑은 베이징 세계여성대회 20주년을 기념해 뉴욕에서 열리는 유엔여성인권회의를 공동 주최하려 해 국제 인권 단체들에게 격렬한 항의를 받았다.

또 시진핑은 "여성은 전통적 가족 가치를 지켜 내는 중요한 역할을 하고 있다"고 강조함으로써 여성의 구실을 가정 내에서 아동과 노인을 돌보는 존재로 전락시켰다. 이는 불황 때마다 그리고 노동력이 부족할 때마다 전통적 아내와 어머니의 미덕을 강조하는 서방과 별반 다르지 않았다.

이렇듯 여성에 대한 체계적이고 구조적인 차별과 억압이 존재하는 현실은 중국이 비민주적이고 억압적이며 착취에 기반을 둔 자본주의 체제라는 사실과 밀접한 관계가 있다.

14장

중국 트로츠키주의의 역사

1927년에 혁명이 패배한 후 중국공산당은 코민테른의 지시에 따라 광저우 봉기와 추수 봉기 같은 초좌파적 노선을 추구했다. 그러나 봉기는 처참하게 실패했고, 그나마 남아 있던 노동계급 기반을 다 잃었다. 중국공산당의 잔존 세력은 도시의 노동계급 기반을 복구하려 하지는 않고 산간벽지로 도망쳤다.

그 후 마오쩌둥이 이끈 공산당은 농촌에서 유격전을 벌이며 민족주의 정당으로 변했다. 반면, 트로츠키주의자들은 도시에서 노동계급 속에 뿌리내리려 애썼다. 1930년대 초 한때 중국 트로츠키주의자들은 규모가 러시아 다음으로 컸다. 그들은 전쟁과 탄압 등 혹독한 시험을 무수히 치러야 했다. 그럼에도 중국 트로츠키주의자들은 악전고투하고 고군분투했다.

이 장에서는 노동계급의 자력 해방을 추구한 중국 트로츠키주의자들의 주장과 활동을 돌아보며 그 역사적 의의를 살펴보려 한다.

중국 트로츠키주의 조직의 탄생

중국에서 트로츠키주의 운동은 1925~1927년 혁명 패배의 여파 속에서 형성됐다.

패배의 가장 큰 책임은 스탈린이 지도한 당시 코민테른에 있었다. 스탈린은 중국 혁명이 자본주의적 혁명이고 국민당이 이 혁명을 지도할 것이라며 공산당을 국민당에 예속시켰다. 그러나 이 전략은 1927년 4월 장제스의 쿠데타와 7월 국민당 좌파 왕징웨이의 배신으로 파탄 났다. 그러자 스탈린은 당시 중국공산당 지도자 천두슈에게 패배의 모든 책임을 뒤집어씌웠다.

한편 트로츠키는 식민지나 반半식민지의 자본가들은 제국주의 억압과 지주 제도 같은 문제들을 해결할 수 없다고 강조했다. 그들은 늦게 등장해 너무 취약하고 또 아래로부터 부상하는 노동계급 투쟁에 두려움을 느껴, 자본주의적 혁명도 지도하지 못하는 본질적으로 보수적인 세력이라는 것이다. 그래서 트로츠키는 제국주의를 쫓아내고 지주 제도를 폐지하는 과업은 노동계급의 혁명으로 성취될 수 있다고 강조했다. 1927년 중국 혁명의 패배는 트로츠키의 이런 연속혁명론이 비극적으로 입증된 일이었다.

소련공산당과 코민테른 내에서 중국 혁명의 패배를 두고 스탈린주의 관료들과 트로츠키 사이에 논쟁이 벌어졌다. 이 논쟁에서 트로츠키가 내놓은 주장은 패배의 원인을 숙고하던 일부 중국 공산당원들의 관심을 받았다. 특히, 소련에서 공부하던 많은 중국 유학생들이 트로츠키의 주장을 받아들였다. 그 집단의 주요 리더였던 왕판시는 1928년 겨울 모스크바 거주 중국인 학생들 사이에서 트로츠키주의자가 급속히 늘었다고 회고했다. 특히 모스크바 중산대학에서는 전체 학생 400명 중 100~150명이 트로츠키주의자였다고 한다. 스탈린 정부가 정치적 반대자를 무자비하게 탄압하기 시작한 때에 이는 대단한 규모였다.

그림 14-1. 중국 트로츠키주의 운동의 초기 지도자 중 하나인 왕판시와 그가 쓴 《쌍산회억록》(국역: 《회상: 나의 중국혁명》, 새물결, 2003).

소련 유학생 트로츠키주의자의 상당수는 스탈린 국가의 감옥에 갇히거나 살해당해 귀국하지 못했다. 그렇지만 무사히 중국으로 돌아온 사람들은 조직을 만들고 《워먼더화我們的話》(우리의 말)라는 잡지를 발간했다. 그 잡지의 지지자들은 젊지만 노동운동에 뿌리를 내리고 있었고 그중에는 중국공산당의 간부도 있었다.

중국 국내에서 천두슈와 그의 지지자들도 트로츠키주의자가 됐다. 1927년 패배 직후 중국공산당 총서기직에서 사임한 천두슈는 트로츠키의 주장을 뒤늦게 접하고 크게 깨닫게 됐다. 이후 그는 트로츠키를 지지한다고 밝혔다가 공산당에서 쫓겨났다. 그때 그가 쓴 "우리의 정치적 의견"이라는 문서는 중국 트로츠키주의 선언문 같은 지위의 글이 됐다. 천두슈 그룹은 '무산자無産者'라고 불렸다. 이 밖에도 중국에서 트로츠키주의 소그룹이 2개 더 형성됐다.

그렇지만 4개의 트로츠키주의 그룹을 통합하는 것은 쉽지 않았다. 특히, 젊은 활동가들이 1927년 패배 때까지 코민테른의 지시를 따랐던 천두슈를 한동안 불신했기 때문이다. 이후 트로츠키의 강력한 촉구로 네 그룹은 1931년 5월 통합해 중국공산당 좌익반대파로 출범했다. 그때 조직원 규모가 무려 483명이었다고 한다. 그들은 스탈린주의에 반대해 진정한 마르크스주의 전통을 지키고 노동계급의 혁명에 헌신하고자 했다.

시련과 분열

그렇지만 당시 중국에서 트로츠키주의자로 사는 것은 정말 목숨을 거는 일이었다. 국민당 치하에서 트로츠키주의자들의 공개적 정치 활동은 불가능했다. 국민당 특무기관에 끌려가면 종종 재판도 없이 처형됐다. 더구나 중국공산당도 트로츠키주의자들에게 온갖 중상모략과 폭행을 가했다. 물론 일본군에게 희생된 트로츠키주의자도 많았다. 1931년 조직 출범 후 채 몇 달 지나지 않아 지도부 전체가 국민당 보안경찰에 잡혀가는 등 혹심하고 지속적인 탄압이 중국 트로츠키주의 조직을 크게 위축시켰다. 그럼에도 상하이, 홍콩, 광저우, 중산, 원저우 등지에서 조직을 확장하는 시도가 이어졌다.

그때 일본의 대륙 침략이 본격화되자 중국인들 사이에서 항일 민족주의 정서가 강력해졌다. 1937년 중일전쟁이 일어나자 민족주의 정서는 더욱 강화돼 공산당과 국민당 사이에 2차 국공합작이 이뤄지게 됐다.

1937년 트로츠키는 멕시코 화가 디에고 리베라에게 보내는 편지에서 "중국의 모든 노동자 조직의 임무는 일본에 맞선 지금의 전쟁에 적극적으로 임하는 것"이라고 강조하면서도 "그들의 강령과 독립적 활동을 포기하는 일은 없어야 한다"고 주장했다. 그러나 유격전에 뛰어든 일부 개인들을 제외하면 중국 트로츠키주의 조직은 항일 무장투쟁을 조직하지 못했다. 공산당과 국민당이 모두 트로츠키주의자들과 함께할 생각이 전혀 없고 매우 적대적이었기 때문이다. 그래서 트로츠키주의자들은 주로 상하이에서 노동자를 조직하려 했지만 일본군 점령 아래에서 혹심한 탄압으로 성공하지 못했다. 이런 상황이 트로츠키주의 조직의 영향력 확대에 큰 걸림돌이 됐다.

중일전쟁에 이어 1939년 제2차세계대전이 벌어지자 중국 트로츠키주의자들 사이에서 전쟁에 대한 태도를 두고 견해가 엇갈리기 시작했다. 중일전쟁은 일본 제국주의에 맞선 민족해방전쟁이라는 성격이 분명했지만, 제2차세계대전은 제국주의 간 전쟁이라는 점이 당시 중국 트로츠키주의자들에게는 명확하지 않았다. 천두슈는 중일전쟁과 세계대전 모두 일본 군국주의와 독일 파시즘에 맞서는 전쟁이라며 서방을 지지했다. 독일 파시즘과 소련 스탈린주의 모두에 비판적이었던 게 지나쳐 서방의 부르주아 민주주의를 선택한 것이다. 다행히 그의 주장은 다른 트로츠키주의자들의 지지를 얻지는 못했다.

그림 14-2. 1932년의 천두슈(왼쪽)와 펑수즈(오른쪽).

그렇지만 1941년 미국과 일본의 태평양전쟁이 벌어지자 중국 트로츠키주의 조직은 분열해 버렸다. 왕판시와 정차오린 등은 중일전쟁과 태평양전쟁이 모두 미국과 일본의 제국주의 간 전쟁이기 때문에 어느 편도 지지할 수 없다고 봤다. 그래서 중국의 전쟁 노력을 지지할 수 없다고 주장했다. 반면 펑수즈 등은 일본 제국주의에 맞서는 투쟁은 반半식민지인 중국에서 진보적 의미가 있으므로 중국의 전쟁 노력을 지지하면서 정치적으로 비판해야 한다고 주장했다. 결국 펑수즈 등의 다수파와 왕판시·정차오린 등의 소수파로 조직이 분열해 버렸다.

중국공산당의 승리와 신중국 탄생

1945년 일본이 항복하자 트로츠키주의자들은 중국에서 혁명을 준비해야 한다고 생각했다. 그렇지만 혁명을 이끌 사상적·조직적 준비는 돼 있지 않았다. 당시 트로츠키주의 조직은 여전히 다수파와 소수파로 분열돼 있었고, 둘을 다 합쳐도 1931년 통합 때의 절반 규모에 지나지 않았다.

중국 트로츠키주의자들은 조직 분열 외에도 사상의 혼란을 겪고 있었는데, 바로 1949년 중국공산당이 내전에서 승리하고 신중국을 세운 일을 둘러싸고 그랬다.

1945년 일본 제국주의가 패망하자 중국 대륙에서는 바로 공산당과 국민당 사이의 내전이 벌어졌다. 트로츠키주의자들은 내전에서 공산당을 지지했다. 그렇지만 농민에 기반을 둔 공산당이 승리할 가능성이 낮은 데다 설사 승리해도 도시에서 자본가 및 노동자 모두와 대결해야 하는 더 큰 난관에 봉착할 것이라고 봤다.

그림 14-3. 1944년 옌안에서 병사들에게 연설하는 마오쩌둥. 1949년 혁명은 중간계급 지식인들이 농민의 지지를 받아 일으킨 민족 해방 혁명이었지 사회주의 혁명이 아니었다.

앞서 언급했듯이, 트로츠키는 식민지나 반半식민지에서 제국주의를 축출하고 지주 제도를 폐지하는 과제는 노동계급 권력만이 달성할 수 있다고 주장했다. 중국 트로츠키주의자들은 이런 예측에 따라 노동계급과 괴리된 중국공산당이 권력을 잡을 수 없다고 내다본 것이다. 그러나 실제 결과는 매우 달랐다. 공산당이 승리해 국민당과 제국주의를 몰아내고 지주 제도를 폐지했다.

그러나 1949년 중국 혁명은 민족 해방 혁명이었지, 사회주의 혁명은 아니었다. 연속혁명을 실현할 주체인 노동계급의 혁명적 운동이 부재한 가운데, 중간계급 지식인들이 농민의 광범한 지지를 받아 당대 중국 사회의 역사적 과제를 해결하며 국가자본주의 건설로 나아간 것이다.

트로츠키의 예측을 믿은 중국 트로츠키주의자들은 1949년 혁명을 어떻게 이해할지를 두고 혼란에 빠졌다. 중국에서 노동계급이 아니라 중간계급인 지식인과 농민에 기반을 둔 사회 세력이 역사적 숙제를 해결했다고 한다면, 이는 트로츠키의 연속혁명론과 맞지 않게 된다. 여전히 그 이론이 옳다고 주장하려면 신중국이 노동자 국가라고 규정해야 했다.

중국 트로츠키주의의 다수파인 혁명적공산당은 실제로 그렇게 현실을 이론에 꿰어 맞춰 주장하기에 이르렀다. 소수파인 국제주의공산당도 혼란스럽기는 비슷했다. 소수파의 지도자 왕판시도 다수파처럼 트로츠키주의의 정설에 현실을 꿰어 맞추는 것으로 나아갔다.*

---

* 훗날 영국 트로츠키주의자 토니 클리프는 1949년 중국 혁명과 1958년 쿠바 혁명을 '빗나간 연속혁명'으로 설명했다. 두 나라에서는 노동계급이 취약하거나 무관심해서 반제국주의와 토지개혁 같은 연속혁명의 과제를 도시 중간계급 출신 지식인이 농민을 이끌고 수행했다. 빗나간 연속혁명의 결과로 등장한 체제는 사회주의가 아니라, 세계 자본주의 체제가 가하는 압력을 견디기 위해 노동자와 농민을 착취해 부국강병을 꾀하는 국가자본주의 사회였다.

한편 소수파의 다른 지도자 정차오린은 중국공산당이 국가자본 계급을 대표하고 1949년에 수립된 신중국은 국가자본주의라고 주장했다. 혁명적공산당 지도자 펑수즈나 소수파 지도자 왕판시와는 완전히 다른 견해였다. 안타깝게도 정차오린은 1952년에 체포돼 노동교화소에서 27년을 징역살이했기 때문에 이 견해를 더 발전시키지 못했다.

1952년 탄압과 그 후

비록 이데올로기적 혼란은 있었지만, 트로츠키주의자들은 토지개혁이나 기아 반대 행진 등 중요한 쟁점에 개입하면서 성장했다. 노동계급 내에서 영향력도 점차 증가했다.

1952년 중국공산당이 트로츠키주의 조직을 불법화하고 그 구성원들을 대대적으로 탄압한 것은 바로 이 때문이었다. 중국공산당은 강력한 국민국가를 통해 노동자와 농민을 착취해야 했는데, 노동계급에 뿌리내리던 트로츠키주의자들을 그 걸림돌로 여겼다.

공산당의 대대적 탄압으로 500명이 넘는 트로츠키주의자들이 구속됐다. 그중 일부는 노동교화소로 보내졌고 다른 일부는

그림 14-4. 27년 만에 석방된 정차오린(왼쪽). 동지이자 아내인 우징뤼(吳静如, 오른쪽)도 오랫동안 수감 생활을 했으며 평생 박해를 당하다 정차오린이 석방된 지 석 달 만에 사망했다.

사기가 저하돼 운동을 포기했다. 이로써 중국에서 트로츠키주의 운동은 사실상 소멸했다. 일부 활동가들이 홍콩으로 가서 조직을 유지했지만, 그 규모는 크게 줄었다.

이후 68운동의 영향으로 홍콩에서 청년들이 급진화되자, 우중셴吳仲賢을 중심으로 일부 급진적 청년들이 〈70년대〉라는 잡지를 만들었다. 이들이 트로츠키주의를 받아들이며 홍콩에서 트로츠키주의 운동이 부활했다. 그렇지만 또다시 내부 갈등으로 혁명공산당과 혁명마르크스주의자동맹으로 분열했다가 1990년대 이후로는 모두 존재하지 않았다.

그런데 홍콩에서 활동한 트로츠키주의자 가운데 기억해야 할 인물이 있다. 바로 얼마 전에 작고한 샹칭向青이다. 샹칭은 1952년 탄압 이전에 트로츠키주의 다수파의 핵심 인물이었고 홍콩에서는 혁명마르크스주의자동맹에서 활동했다. 샹칭이 2022년 사망하기 직전까지 대륙의 젊은 트로츠키주의자들과 교류했다는 점이 주목할 만하다. 최근 노동운동이 급성장하는 중국은 트로츠키주의가 다시금 지지자들을 얻을 좋은 토양을 제공하고 있다.

왜 처음에 커다란 세력이었던 1930년대 중국 트로츠키주의자들은 혁명운동을 이끌기는커녕 실질적 세력으로 성장하지 못했을까?

첫째, 혹독한 탄압 때문이었다. 중국 트로츠키주의자들은 엄혹한 조건에서도 노동계급의 자력 해방 사상을 견지하려고 노력했지만 국민당, 일본 제국주의, 더구나 중국공산당의 가혹한 탄압으로 그 정치적 영향력을 확대하지 못했다. 설상가상으로 1952년 중국공산당의 대대적 탄압은 결정적이었다.

둘째, 결정적 시기에 나타난 정치적 혼란 때문이었다. 소련 사

그림 14-5. 2022년 작고한 샹칭.

회의 성격과 1949년 신중국의 성격에 대한 정치적 혼란 때문에 트로츠키주의 진영 내에서는 분열과 사기 저하 그리고 마오쩌둥 세력에 투항하는 등의 일이 벌어졌다. 국가자본주의론과 빗나간 연속혁명 이론이 왜 혁명적 실천의 등대가 되는지를 중국 트로츠키주의자들의 약점이 잘 보여 줬다. 또한 연속혁명은 이론이라기보다는 전략이므로 그것을 계획으로 채택하지 않는다면 현실화되지 않는다는 것도 그들은 배웠어야 한다. 중국 혁명은 사회주의적 노동자 혁명이 아니라 국가자본주의적 중간계급 혁명이었다는 점을 말이다.

이런 약점에도 불구하고 국민당의 특무기관과 일본 제국주의의 감옥 그리고 마오쩌둥의 노동교화소에서 살해당하거나 고초를 겪으면서도 혁명적 마르크스주의를 지키려 한 중국 트로츠키주의자들에게 경의를 표한다.

찾아보기

당신이 알아야 할 **현대 중국의 모든 것**
마르크스주의 관점

지은이 이정구

펴낸곳 도서출판 책갈피 | 등록 1992년 2월 14일(제2014-000019호)
주소 서울 성동구 무학봉15길 12 2층
전화 02) 2265-6354 | 팩스 02) 2265-6395
이메일 bookmarx@naver.com | 홈페이지 chaekgalpi.com
페이스북 facebook.com/chaekgalpi
인스타그램 instagram.com/chaekgalpi_books

첫 번째 찍은 날 2023년 12월 29일

값 13,000원
ISBN 978-89-7966-266-5 03910
잘못된 책은 바꿔 드립니다.